福建省社会科学规划青年项目"经济转型背景下福建省取消 GDP 考核的经济后果研究"（项目编号：FJ2018C036）
闽南师范大学学术著作出版专项经费资助

经济增长目标转换的
实施效果研究

谢雅璐　著

中国财经出版传媒集团
经济科学出版社
Economic Science Press

图书在版编目（CIP）数据

经济增长目标转换的实施效果研究/谢雅璐著 . —
北京：经济科学出版社，2021.11
ISBN 978 - 7 - 5218 - 3134 - 4

Ⅰ . ①经…　Ⅱ . ①谢…　Ⅲ . ①县级经济 - 区域经济发
展 - 研究 - 中国 - 2010 - 2018　Ⅳ . ①F127

中国版本图书馆 CIP 数据核字（2021）第 249247 号

责任编辑：杜　鹏　张立莉　常家凤
责任校对：刘　昕
责任印制：邱　天

经济增长目标转换的实施效果研究
谢雅璐　著
经济科学出版社出版、发行　新华书店经销
社址：北京市海淀区阜成路甲 28 号　邮编：100142
总编部电话：010 - 88191217　发行部电话：010 - 88191522
网址：www. esp. com. cn
电子邮箱：esp@ esp. com. cn
天猫网店：经济科学出版社旗舰店
网址：http：//jjkxcbs. tmall. com
固安华明印业有限公司印装
710 × 1000　16 开　13.5 印张　260000 字
2021 年 12 月第 1 版　2021 年 12 月第 1 次印刷
ISBN 978 - 7 - 5218 - 3134 - 4　定价：89.00 元
（图书出现印装问题，本社负责调换。电话：010 - 88191510）
（版权所有　侵权必究　打击盗版　举报热线：010 - 88191661
QQ：2242791300　营销中心电话：010 - 88191537
电子邮箱：dbts@ esp. com. cn）

前　言

　　党的十九届五中全会再次强调坚持主体功能区战略，促进区域协调、高质量发展。福建省在 2014 年便响应号召，率先取消了农产品主产区和重点生态功能区所属县（市）的地区生产总值考核。目前，取消 GDP 考核的政策已经实施了一段时间，是否达到了预期效果？是否促进了县域经济的高质量发展？这些问题现有文献尚没有明确的解答。

　　为了检验上述经济增长目标转换政策的实施效果，本书基于福建省各县（市）的数据，考察了福建省农业县和生态县全要素生产率的动态变化，并对 GDP 增长率等其他基础经济指标在政策实施前后的变化进行了统计分析，最后基于全国的样本，实证检验了政策实施的经济效果。

　　本书的最终定稿及如期出版，要感谢闽南师范大学商学院领导及各位同事、社科处领导、中央财经大学会计学院副院长王彦超教授、江西财经大学刘启亮教授的大力支持，也感谢经济科学出版社各位工作人员的辛勤工作。此外，特别感谢戴淑睿、冯欣媛、黄慧敏、林萍丽、阙水琴、张淑妍、张莹莹和朱莉同学在数据收集和整理方面所做的贡献。

　　需要说明的是，由于作者水平所限，书中难免有疏漏和不足之处，恳请各位专家与读者批评指正。

谢雅璐

2021 年 9 月

目　　录

第一章

绪　论

第一节　研究背景与问题的提出

在党的十八大（2012 年 11 月 8 日）及以前，均对经济总量提出了翻番的增长目标。在每年的政府工作报告中，国务院也明确提出下一年的经济增长目标，各级地方政府根据上一级的目标要求，也会在各自的政府工作报告中设定具体的经济增长目标要求。实践证明，我国垂直管理模式下对经济增长速度的目标管理有效调动了地方政府发展经济的积极性，对中国经济的增长起到了很好的促进作用。然而，这一目标管理模式也引发了不可忽视的问题，如环境污染、过度投资、资源配置效率低下等，导致"粗放的发展方式难以为继，经济循环不畅问题十分突出"（习近平，2017 年 12 月 28 日，中央经济工作会议）。由此可见，过分强调经济发展速度阻碍了经济健康持续发展，侵蚀了经济的发展质量。

2013 年 6 月，习近平总书记在全国组织工作会议上的讲话中指出，要防止把发展简单化为增加生产总值。在此后的多次讲话中，习近平总书记都强调了要发挥各地区比较优势，淡化 GDP 考核，将民生、生态等纳入考核体系中，"推动形成优势互补高质量发展的区域经济布局"[①]。党的十九大报告指出："我国经济已由高速增长阶段转向高质量发展阶段"，这一判断将中国经济的发展目标由关注"速度"转换为关注"质量"，从而为更好地推动发展方式的转变、经济结构的优化和增长动力的转换提供理论依据和政策支持。

[①] 习近平于 2019 年 8 月 26 日在中央财经委员会第五次会议上的讲话。

福建省于 1994 年开始开展对县域经济的发展评价，主要采用以 GDP 为核心的、统一的考核评价体系，在当时的历史条件下，对经济的发展产生了积极的推动作用。但是，随着社会的进步，一视同仁的考核评价体系的局限性日益凸显。根据党中央的精神，结合《福建省主体功能区规划》，福建省于 2014 年下发通知，为了促进地区经济的高质量发展，取消了农产品主产区（以下简称农业县）和重点生态功能区（以下简称生态县）的地区生产总值考核，实行农业优先和生态保护优先的绩效考核方法，成为全国第一批明确取消部分县 GDP 考核的省份之一。党的十九届五中全会再次强调，要"坚持主体功能区战略，构建高质量发展的国土空间布局和支撑体系"。目前，取消 GDP 考核的政策已经实施了一段时间，是否达到了预期效果？是否促进了县域经济的高质量发展？这些问题现有文献尚没有明确的解答。

为了检验上述经济增长目标转换政策的实施效果，本书基于福建省各县（市）的数据，考察了福建省农业县和生态县全要素生产率的动态变化，并对 GDP 增长率等其他基础经济指标在政策实施前后的变化进行了统计分析，最后基于全国的样本，实证检验了政策实施的经济效果。

本书的研究对于完善政府区域经济制度设计，推动区域经济协调、高质量发展具有一定的理论价值和实践意义。

（1）理论价值。本书的理论价值主要有两点：一是以取消 GDP 考核改革事件作为研究视角，从经济发展质量等角度探讨政策变迁的经济后果，并解析其作用路径和传导机制，丰富了经济增长目标与经济发展质量领域的相关文献；二是通过构建多时点双重差分模型与实证检验，使用数据包络分析法（DEA）的 Malmqust 指数法（即 DEA – Malmqust）测算福建省各县市的全要素生产率水平及其分解指标，动态检验制度变迁因素对于县域经济发展质量的影响效果，为后续研究做出一定的理论探索。

（2）实践意义。本书的实践意义主要有两点：其一，以往研究突出了在以 GDP 为核心的考核体系下，地方官员的政绩观所带来的经济效率损失和社会问题，对取消 GDP 考核后经济发展质量等相关方面的改善尚缺乏探讨。本书可以为取消 GDP 考核改革的政策评价提供证据支持，为政府部门完善地方考核体系提供启示和思路借鉴。其二，党的十九大报告提出："我国经济已由高速增长阶段转向高质量发展阶段，正处在转变发展方式、优化经济结构、转换增长动力的攻关期。"习近平总书记也多次强调，不能简单地以 GDP 增长率论英雄，而是强调以提高经济增长质量、转变经济增长方式为立足点。在这样的背景下，2014 年，福建省下发通知，取消 34 个县（市）的 GDP 考核，成为全国第一批明确取消部分县（市）GDP 考核的省份之一。本书的研究可以为促进区域经济协调发展建言献策，也可以为提升县域经济质量提供新的思路和对策。

第二节 文 献 述 评

1978 年，党的十一届三中全会后，党中央将全党工作重心转向经济建设，并由中央政府部署经济发展战略，提出国民生产总值翻番目标，自此，经济改革和发展成为各级党委和政府的头等大事。开始于 19 世纪 80 年代初期的行政分权，使许多经济管理的权力下放到地方，地方政府逐渐拥有相对自主的经济决策权；以财政包干为主要内容的财政分权改革使地方可以与中央分享财政收入，各地区利税竞争形成地方经济发展的经济激励，成为中国经济 30 年高速增长奇迹的重要根源（周黎安，2004，2007；Montinola et al.，1995；Qian and Roland，1998；Jin et al.，2005）。

随着市场经济主体地位的确定，地区之间的竞争集中表现为以 GDP 增长率为核心的经济竞争。周黎安（2004、2007、2015）指出，在中国多层级的纵向结构关系中，经济建设中各地区政府带有明显的相互竞争色彩。分权式改革下的"块块"政府围绕 GDP 增长目标的竞争与管理引发地方政府推动本地区经济发展的热情，促进了各个地区的基础设施投资，进而带动经济增长（Lin and Liu，2000；张军等，2007、2020）。刘淑琳等（2019）研究发现，经济增长目标每提高 1%，地区投资显著上升约 0.44%。徐现祥和刘毓芸（2017）基于 49 个经济体的经济增长数据的研究表明，各国经济增长目标管理通过显著影响资本积累和技术进步，使增长目标变动一个百分点时，实际经济增长速度也增长一个百分点。

虽不否认增长目标管理实践在投资和经济发展中的推动作用，但学者们很早便广泛关注这一激励机制在经济体各个层面中引发的各种问题。

从地区发展层面来看，为实现当地 GDP 的增长，过度追求粗放型经济增长，导致环境污染等问题（Holmstrom and Migrom，1991）；忽视投资结构，重复建设，导致投资消费比失衡、各地区产业同构化（沈立人和戴园晨，1990；周黎安，2004）；重基本建设，轻人力资本投资和公共服务，公共支出结构明显扭曲（傅勇和张晏，2007）；倾向于实施城市优先的经济政策，导致城乡收入差距进一步拉大（王永钦等，2007）；通过出让更多土地来获得生产要素，使土地出让收入增加、价格快速上涨（张莉等，2011；聂雷等，2015），土地违法现象明显增多（梁若冰，2010）；通过城市商业银行大量举债，或对其施加压力向辖区企业放贷，导致银行贷款过量发放（马草原和李成，2013）、信贷质量下降（纪志宏等，2014）。以上行为虽然在短期内促进了经济的高速增长，但由于不能使各地区发挥比较优势，带来了资源浪费、低效生产、经济增长质量不高（李猛和沈坤荣，2010）、地区全要素生产率较低（余泳泽等，2019）等问题，进而使转变经济发展方式和保持经济平稳增长受到掣肘（杜焱，2014）。

从公司层面来看，为实现当地 GDP 的增长，地方国企过度投资普遍发生（唐雪松等，2010），并且经济增长目标越高，过度投资现象越严重，从而挤兑创新研发支出，会抑制企业的创新行为（刘勇和黄灿，2020）。

此外，还有部分学者研究了影响地方政府经济增长目标设定的因素。王贤彬和周海燕（2016）发现，如果预期会获得较多的中央财政支持，东部地区倾向于将经济增长目标值设定到较高水平；当中央将发展目标的重点从扩大经济体总产出转移到区域经济结构调整时，虽然有利于欠发达地区的经济发展，但发达地区会倾向于降低所在地区的经济增长目标（徐现祥和梁剑雄，2014）；詹新宁和刘文彬（2020）研究表明，通过对经济增长目标的拉动，财政分权可以促进实体经济的增长。

综上所述，以往的经济增长目标管理文献研究了经济增长目标设定的影响因素，以及经济增长目标对于经济的促进作用和产生的弊端，但关于经济增长目标转换的研究较少。具体来看，目前文献对于经济增长目标转换的实施效果，即经济增长目标转换对于经济发展质量的影响研究，仍缺乏相关的可信证据。本书正是基于这一背景，以福建省取消农业县和生态县的 GDP 考核为研究事件，考察经济增长目标由"量"到"质"的转换是否能够改善县域经济发展，并进一步挖掘影响县域经济发展质量变化的动因，从而可以总结出经济增长目标转换对于县域经济发展的拉动因素和不足之处，进而有助于评估政策措施的具体实施效果，为相关部门经济政策的制订提供事实依据。

第三节 研究思路与主要内容

本书以理论分析和实证研究相结合的方式，在回顾以往文献的基础上，考察了取消GDP考核改革政策的实施效果，并提出了相应的对策建议。全书共分为五章，主要内容如下。

第一章为绪论。主要阐述了本书的理论和现实背景，说明研究目的，并提出研究问题，对本书的研究内容、研究方法作出简要说明，并指出本书的研究意义。

第二章为取消GDP考核改革在福建省的实施效果研究。选取2010～2018年福建省各县（市）数据，从经济增长、经济结构、产业结构、民生、全要素生产率等方面，观察各县（市）各项数据的变化，进行多角度的统计分析。

第三章为取消GDP考核改革在福建省各市的实施情况。本章是第二章的拓展和延伸，考虑到各地级市的发展水平不同，政策开展的进度和力度不同，本章将进一步深入分析，分别考察取消GDP考核改革在福建省下辖的宁德、福州、三明、龙岩、南平、泉州、漳州7个地级市的实施情况。

第四章为取消GDP考核改革在全国的实施情况。本章将样本拓展到全国，运用多时点双重差分模型，采用多元回归、平行性检验、倾向性匹配、异质性分析等方法，实证检验了取消GDP考核改革对于县域经济发展的影响。

第五章为结论与政策建议。本章归纳总结了本书的研究结论，并在此基础上提出政策建议，最后指出了今后的研究方向。

取消 GDP 考核改革在福建省的实施效果研究

第一节 本章概述

2014 年 8 月，福建省效能办下发通知，对属于重点生态功能区、农产品主产区的 34 个县（市）取消 GDP 考核，分别实行生态保护优先、农业优先的绩效考评方式。

福建省取消 GDP 考核的 34 个县（市）中，属于农产品主产区的 22 个县（市）分别为：闽清县（福州市）；长泰县、南靖县、平和县（漳州市）；宁化县、尤溪县、将乐县、明溪县、建宁县、清流县（三明市）；漳平市、长汀县、上杭县、武平县、连城县（龙岩市）；建瓯市、顺昌县、浦城县、松溪县、光泽县、政和县（南平市）；古田县（宁德市）（以下简称农业县）。属于重点生态功能区的 12 个县（市）分别为：永泰县（福州市）；华安县（漳州市）；安溪县、永春县、德化县（泉州市）；泰宁县、大田县（三明市）；武夷山市（南平市）；屏南县、寿宁县、周宁县、柘荣县（宁德市）（以下简称生态县）。具体见表 2 - 1。

表 2 - 1 福建省取消 GDP 考核县（市）情况

类别		县（市）名称
取消 GDP 考核	农产品主产区	闽清县（福州市）；长泰县、南靖县、平和县（漳州市）；宁化县、尤溪县、将乐县、明溪县、建宁县、清流县（三明市）；漳平市、长汀县、上杭县、武平县、连城县（龙岩市）；建瓯市、顺昌县、浦城县、松溪县、光泽县、政和县（南平市）；古田县（宁德市）

续表

类别		县（市）名称
取消 GDP 考核	重点生态功能区	永泰县（福州市）；华安县（漳州市）；安溪县、永春县、德化县（泉州市）；泰宁县、大田县（三明市）；武夷山市（南平市）；屏南县、寿宁县、周宁县、柘荣县（宁德市）
未取消 GDP 考核		福清市、连江县、罗源县、闽侯县、平潭县、长乐市（福州市）；永定县（龙岩市）；建阳市、邵武市（南平市）；福安市、福鼎市、霞浦县（宁德市）；惠安县、晋江市、南安市、石狮市（泉州市）；沙县、永安市（三明市）；东山县、龙海市、云霄县、漳浦县、诏安县（漳州市）

由于福建省是在 2014 年发布文件取消农业县和生态县的 GDP 考核，考虑到政策实施当年的实施效果不会马上显现，因此，本章将研究样本分为两个区间，分别是政策实施之前（即 2010～2013 年）和政策实施之后（即 2015～2018 年）。与此同时，本章将福建省所有县（市）划分为三大类，即未取消 GDP 考核的县（市）、取消 GDP 考核的农业县（市）和取消 GDP 考核的生态县（市），通过考察三类县（市）在政策实施前、后的纵向变化，并将农业县、生态县与未取消县进行横向对比，进行多角度的描述性统计。具体涉及的指标如下。

（1）经济增长方面：地区生产总值（以下简称 GDP）、地区生产总值增长率（以下简称 GDP 增长率）、人均地区生产总值（以下简称人均 GDP）、人均地区生产总值增长率（以下简称人均 GDP 增长率）。

（2）经济结构方面：固定资产投资占 GDP 比重、社会消费品零售总额占 GDP 比重。

（3）产业结构方面：第一产业占 GDP 比重、第二产业占 GDP 比重、第三产业占 GDP 比重。

（4）民生方面：农村居民人均纯收入、医院及卫生院床位数、社会福利收养性单位数、社会福利收养性单位床位数。

（5）全要素生产率方面：数据来源与研究设计、福建省各类县全要素生产率结果分析。

第二节　经济增长

本部分将通过对三类县历年 GDP、历年 GDP 增长率、历年人均 GDP、历年人均 GDP 增长率的分析，考察取消 GDP 考核这一政策的实施对经济增长产生的影响。

一、地区生产总值

表 2-2 和图 2-1 是福建省三类县历年 GDP 的统计情况。可以看出，2010~2013 年，未取消县的 GDP 均值为 315.34 亿元，农业县的 GDP 均值为 97.53 亿元，生态县的 GDP 均值为 111.40 亿元；2015~2018 年，未取消县的 GDP 均值为 495.59 亿元，农业县的 GDP 均值为 158.16 亿元，生态县的 GDP 均值为 168.69 亿元。无论是 2010~2013 年还是 2015~2018 年，该指标都是未取消县的 GDP 均值最大，其次是生态县，最后是农业县。可以看出，与政策实施之前相比，在政策实施之后，三类县的历年平均 GDP 都有所上升。其中，农业县的历年平均 GDP 增幅最多，增幅为 62.17%；未取消县增长幅度次之，为 57.16%；生态县增长幅度最小，为 51.43%。虽然农业县一开始平均 GDP 并不高，但是它的增幅却是很可观的。

表 2-2　　　　　　　　　　福建省三类县历年 GDP　　　　　　　　单位：亿元

县类别	2010 年	2011 年	2012 年	2013 年	均值 1	2014 年	2015 年	2016 年	2017 年	2018 年	均值 2
农业县	70.06	98.81	110.66	110.57	97.53	123.73	134.26	148.09	164.57	185.7	158.16
生态县	84.74	111.73	124.60	124.53	111.40	137.27	145.94	159.76	174.92	194.14	168.69
未取消县	231.05	318.15	356.15	355.99	315.34	393.33	424.30	461.16	519.57	577.33	495.59

资料来源：根据附录中的各市各县基本指标算数平均所得；均值 1 为 2010~2013 年各类县数据的平均值，均值 2 为 2015~2018 年各类县数据的平均值。下同。

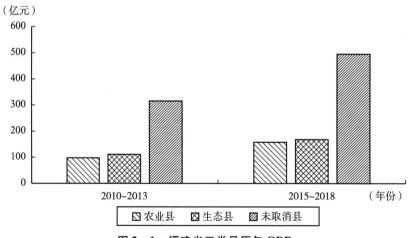

图 2-1　福建省三类县历年 GDP

注：2010~2013 年各类县的柱形图根据表 2-2 中的均值 1 绘制，2015~2018 年各类县的柱形图根据表 2-2 中的均值 2 绘制。本章中的以下柱形图都是根据相应表中的均值 1 和均值 2 绘制。

二、地区生产总值增长率

表 2-3 和图 2-2 是福建省三类县历年 GDP 增长率的描述性统计。由表 2-3 的数据可知，三类县在 2010～2013 年的历年 GDP 增长率增减变化幅度较大，在 2014 年取消 GDP 考核之后，2015～2018 年三类县的该指标增长趋于稳定。具体来看，2010～2013 年，农业县、生态县、未取消县该指标的均值分别为 18.25%、17.40%、18.45%；2015～2018 年，上述三类县的均值分别为 10.63%、7.87%、10.12%。通过政策实施之前和之后的指标对比可以看出，三类县该指标在政策实施之后，普遍有所下降，其中生态县的下降幅度最大，为 -54.77%；未取消县次之，为 -45.15%；农业县最小，为 -41.75%。

表 2-3　　　　　　　　　福建省三类县历年 GDP 增长率　　　　　　　　单位：%

县类别	2010 年	2011 年	2012 年	2013 年	均值 1	2014 年	2015 年	2016 年	2017 年	2018 年	均值 2
农业县	19.90	41.00	12.17	-0.07	18.25	11.79	8.56	10.05	10.97	12.92	10.63
生态县	19.39	37.88	12.35	-0.04	17.40	10.77	7.29	9.57	5.24	9.36	7.87
未取消县	20.68	40.73	12.44	-0.04	18.45	10.76	8.10	9.22	12.08	11.08	10.12

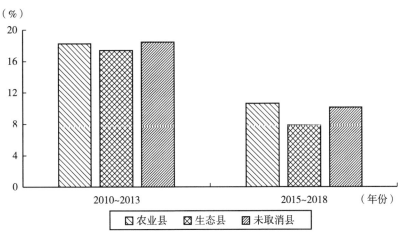

图 2-2　福建省三类县历年 GDP 增长率

三、人均地区生产总值

表2-4列示了福建省三类县历年人均GDP在2010~2018年的相关数据。结合图2-3可以看出，2010~2013年，未取消县人均GDP的均值最高，为5.13万元，生态县次之，为3.34万元，农业县最低，为3.23万元；2015~2018年，未取消县的人均GDP仍保持第一，为7.69万元，农业县和生态县均有所增长，依次为5.09万元、4.91万元。通过政策实施之前和之后的指标对比可以看出，与图2-1类似，三类县的该指标在政策实施之后，普遍有所提高。其中，农业县历年人均GDP增幅最多，增幅为57.59%；未取消县次之，增幅为49.90%；生态县最小，增幅为47.01%。

表2-4　　　　　　　　　福建省三类县历年人均GDP　　　　　　　　单位：万元

县类别	2010年	2011年	2012年	2013年	均值1	2014年	2015年	2016年	2017年	2018年	均值2
农业县	2.32	3.31	3.67	3.62	3.23	4.02	4.30	4.74	5.34	5.98	5.09
生态县	2.45	3.39	3.78	3.73	3.34	4.02	4.32	4.71	5.10	5.50	4.91
未取消县	3.75	5.21	5.81	5.76	5.13	6.26	6.69	7.17	8.07	8.83	7.69

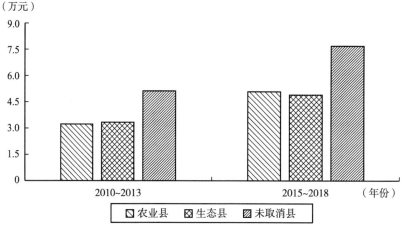

图2-3　福建省三类县历年人均GDP

四、人均地区生产总值增长率

表 2-5 和图 2-4 是福建省三类县历年人均 GDP 增长率的描述性统计。结果表明，2010～2013 年，农业县、生态县、未取消县的该指标均值分别为 17.58%、16.55%、17.62%；2015～2018 年，上述三类县的均值分别为 10.46%、7.57%、9.55%。通过政策实施之前和之后的指标对比可以看出，三类县的该指标在政策实施之后，普遍大幅下降，其中，生态县的下降幅度最大，为 -54.26%；未取消县次之，为 -45.80%；农业县最小，为 -40.50%。

表 2-5				福建省三类县历年人均 GDP 增长率					单位：%	
县类别	2010 年	2011 年	2012 年	2013 年	均值 1	2014 年	2015 年	2016 年	2017 年	2018 年	均值 2
农业县	19.03	41.50	11.08	-1.30	17.58	10.91	7.50	10.06	12.78	11.48	10.46
生态县	17.87	37.89	11.71	-1.29	16.55	8.01	7.54	8.71	6.37	7.66	7.57
未取消县	19.20	40.63	11.51	-0.88	17.62	9.00	7.27	8.09	13.09	9.74	9.55

图 2-4　福建省三类县历年人均 GDP 增长率

五、小结

综上所述，通过政策实施前后的数据对比可以发现，从绝对值指标来看，三类县的 GDP 和人均 GDP 在政策实施之后均呈上升趋势，其中，农业县的增长幅度最高，未取消县次之，生态县的增长幅度最小。但是从增长率指标来看，三类县的两个增长率指标在政策实施之后均存在不同程度的明显下降，生态县的下降幅度最高，未取消县次之，农业县的下降幅度最小。值得注意的是，在政策实施之前，农业县的 GDP 增长率和人均 GDP 增长率均小于未取消县；在政策实施之后，农业县的这两个指标均超过了未取消县，说明农业县的经济总量尽管还落后于未取消县，但是经济增长速度已经超过了未取消县。

1. 从时间序列上来看。相对于 2010 ~ 2013 年，福建省三类县的 GDP 增长率在 2015 ~ 2018 年出现了较大幅度的下滑。主要是因为：（1）2013 年 11 月出台的《中共中央关于全面深化改革若干重大问题的决定》明确提出，要纠正单纯以经济增长速度评定政绩的偏向，加大资源消耗、环境损害、生态效益等指标的权重。（2）习近平总书记在 2013 年 6 月召开的全国组织工作会议上强调："要改进考核方法手段，既看发展又看基础，既看显绩又看潜绩，把民生改善、社会进步、生态效益等指标和实绩作为重要考核内容，再也不能简单以 GDP 增长率论英雄了。"（3）从福建省 2010 ~ 2018 年的政府工作报告中可以发现，福建省下调了经济增长目标，2010 ~ 2013 年生产总值增长目标分别为 10.5%、12%、11%、11%，平均值为 11.13%；2015 ~ 2018 年生产总值增长目标分别为 10%、8.5%、8.5%、8.5%，平均值为 8.88%。反映我国经济从高速发展进入中速发展的新常态。（4）2014 年以来，中国经济进入"三期叠加"状态，即经济增长速度换档期、结构调整阵痛期和前期刺激政策消化期叠加，宏观经济形势错综复杂，下行压力持续加大，也导致了 GDP 增长速度下降。

2. 从三类县的比较来看。首先，从总额角度来看，未取消县在 GDP 总额和人均 GDP 总额上均高于生态县和农业县。总体上，这一结果表明，未取消县在经济实力上强于其他两类县。这也与福建省效能办在 2014 年 8 月发布的文件《关于取消限制开发区域地区生产总值考核的通知》一致：经济条件好（开发密度较高、产业集聚能力较强）的县继续考核 GDP，而生态县和农业县经济发展程度较弱，这些区域资源环境承载能力较弱、大规模集聚经济和人口条件不够好并关系到地区生态安全，则鼓励其发展优势产业，取消对于这些县的 GDP 考核。其次，从 GDP 增长率和人均 GDP 增长率来看，相对于未取消县，生态县降幅较大，由于生态县在政策实施之后取消了 GDP 考核，这些县（市）单纯追求 GDP 增长率的动机可能得到了抑制。

第三节 经济结构

本部分分别计算了固定资产投资和社会消费品零售总额占 GDP 的比重，考察取消 GDP 考核这一政策是否促进了县域经济结构优化。

一、固定资产投资占 GDP 比重

表 2 - 6 列示了福建省三类县历年固定资产投资（不含农户）占 GDP 比重在 2010 ~ 2018 年的相关数据。福建省三类县在 2010 ~ 2013 年的该指标总体呈现增长趋势，且增长幅度较大，在 2014 年取消 GDP 考核之后，三类县的该指标增减变化幅度减小，但均保持较高水平。结合图 2 - 5 可以看出，2010 ~ 2013 年，农业县的该指标均值最高（59.68%），未取消县次之（59.06%），生态县最低（56.89%）；2015 ~ 2018 年，该大小顺序没有变化，依次是 110.35%、96.94%、94.72%。通过政策实施之前和之后的指标对比可以看出，三类县的该指标在政策实施之后，普遍大幅提高。其中，农业县的固定资产投资（不含农户）占 GDP 比重的均值增幅最多，增幅为 84.90%；生态县次之，增幅为66.50%；未取消县最小，增幅为 64.14%。通过查阅福建省政府工作报告（2015 ~ 2018 年）可知，农业县和生态县在政策实施之后，投资了许多与农业、生态相关的项目。例如，"一区两园"建设现代农业项目 511 个，大幅增加了农林牧渔业的总产值；大力推进城市乡村协调发展，加强城市交通、景观、水安全体系建设，加快发展乡村特色现代农业；实施 "1 + 7 + N" "作战" 计划，积极治理臭氧污染，全面消灭劣 V 类小流域、"牛奶溪"；等等。以上表明，2014 年福建省取消 GDP 考核之后，农业县和生态县大力推进优势产业发展，加大了对于农业基础设施以及生态环境的建设力度。

表 2 - 6   福建省三类县历年固定资产投资（不含农户）占 GDP 比重   单位: %

县类别	2010 年	2011 年	2012 年	2013 年	均值 1	2014 年	2015 年	2016 年	2017 年	2018 年	均值 2
农业县	43.57	45.10	63.32	86.73	59.68	97.54	107.52	107.35	114.03	112.48	110.35
生态县	47.31	42.41	56.99	80.85	56.89	82.75	95.27	90.24	98.52	94.85	94.72
未取消县	41.84	48.38	63.82	82.21	59.06	88.42	98.84	98.38	102.46	88.09	96.94

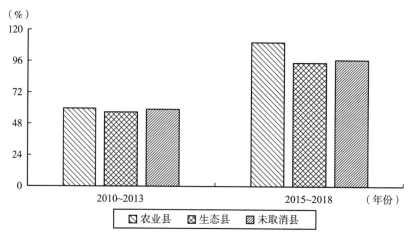

图 2 - 5　福建省三类县历年固定资产投资（不含农户）占 GDP 比重

二、社会消费品零售总额占 GDP 比重

此处列示了福建省三类县历年社会消费品零售总额占 GDP 比重在 2010 ~ 2018 年的相关数据，具体见表 2 - 7 和图 2 - 6。由表 2 - 7 可知，2010 ~ 2013 年，农业县、生态县、未取消县的该指标均值分别为 26.60%、26.81%、30.15%；2015 ~ 2018 年，上述三类县的均值分别为 29.84%、30.57%、33.76%。由上述数据可知，无论是 2010 ~ 2013 年还是 2015 ~ 2018 年，均是未取消县的该指标均值最高，生态县次之，农业县最小。通过政策实施之前和之后的指标对比可以看出，在政策实施之后，三类县的该指标普遍略有上升。其中，生态县增幅最多，增幅为 14.02%；农业县次之，增幅为 12.18%；未取消县最小，增幅为 11.97%。这一结果说明，农业县与生态县在取消 GDP 考核后，大幅提高了消费在 GDP 中的占比。

表 2 - 7　　　　福建省三类县历年社会消费品零售总额占 GDP 比重　　　　单位：%

县类别	2010 年	2011 年	2012 年	2013 年	均值 1	2014 年	2015 年	2016 年	2017 年	2018 年	均值 2
农业县	28.30	24.03	25.29	28.76	26.60	28.71	29.39	29.93	30.18	29.86	29.84
生态县	27.60	24.57	25.98	29.07	26.81	28.15	29.30	28.98	31.68	32.33	30.57
未取消县	31.45	27.56	29.01	32.58	30.15	31.75	32.97	33.48	34.15	34.43	33.76

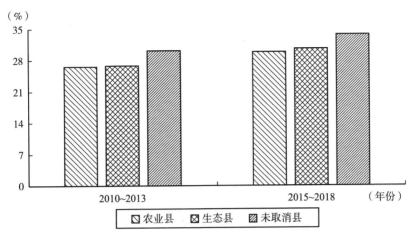

图 2 - 6　福建省三类县历年社会消费品零售总额占 GDP 比重

三、小结

根据以上分析可知，虽然固定资产投资依旧是福建省三类县经济增长的主要动力，但在政策实施之后，三类县的社会消费品零售总额占比均呈现不同幅度的上涨，经济增长依靠消费拉动的比重有所增加。具体来看：2014 年取消 GDP 考核之后，农业县和生态县的历年固定资产投资（不含农户）占 GDP 比重虽然还在增加，但增加幅度较之前变小；且农业县和生态县的历年社会消费品零售总额占 GDP 比重也大幅提高，说明各类县的经济结构在政策实施之后有所改善。值得注意的是，在政策实施之后，农业县的固定资产投资占比增幅最大，生态县的社会消费品零售总额占比增幅最大。

第四节　产业结构

本部分主要通过对三类县历年第一产业、第二产业以及第三产业占 GDP 比重进行分析，考察取消 GDP 考核这一政策是否能促进地方产业的转型升级。

一、第一产业占 GDP 比重

表 2 - 8 列示了福建省三类县历年第一产业占 GDP 比重在 2010 ~ 2018 年的

相关数据。结合图 2-7 可以看出，2010~2013 年，农业县第一产业占 GDP 比重的均值最高，为 24.45%；生态县次之，为 18.47%；未取消县最低，为 15.73%。2015~2018 年，上述三类的该指标均值大小顺序没有改变，分别为 20.18%、15.92%、12.90%。未取消县始终保持占比最低，表明未取消县的 GDP 增长对农业的依赖性较低。通过政策实施之前和之后的指标对比可以看出，三类县在政策实施之后，该指标均有所下降，其中，未取消县的下降幅度最大，为 -17.99%；农业县次之，为 -17.46%；生态县最小，为 -13.81%。

表2-8				福建省三类县历年第一产业占GDP比重					单位：%	
县类别	2010年	2011年	2012年	2013年	均值1	2014年	2015年	2016年	2017年	2018年	均值2
农业县	26.23	24.50	24.10	22.96	24.45	22.45	21.68	21.66	19.10	18.27	20.18
生态县	19.48	18.43	18.57	17.39	18.47	17.10	16.84	16.94	15.04	14.87	15.92
未取消县	17.27	15.73	15.49	14.43	15.73	13.77	13.58	13.66	12.24	12.10	12.90

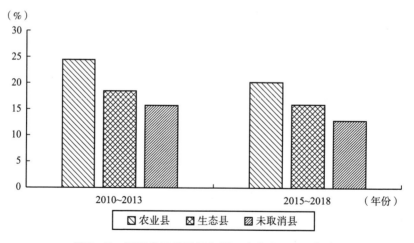

图 2-7　福建省三类县历年第一产业占 GDP 比重

二、第二产业占 GDP 比重

表 2-9 和图 2-8 是福建省三类县历年第二产业占 GDP 比重的描述性统计。由图表可知，2010~2013 年，该指标的均值未取消县最高（50.12%），生态县次之（46.64%），农业县最低（41.62%）；2015~2018 年，该比较顺序没有变

化，依次是 50.21%、46.72%、42.59%。正是第二产业对经济增长的拉动作用，使得未取消县的经济快速增长，GDP 总量、人均 GDP 高于农业县和生态县。此外，结合数据和图表，可见三类县的该指标在政策实施前后基本持平。

表 2-9　　　　　　　　　福建省三类县历年第二产业占 GDP 比重　　　　　　单位：%

县类别	2010 年	2011 年	2012 年	2013 年	均值 1	2014 年	2015 年	2016 年	2017 年	2018 年	均值 2
农业县	40.39	40.98	42.09	43.03	41.62	43.25	42.61	41.02	43.19	43.53	42.59
生态县	45.72	45.94	46.69	48.19	46.64	48.42	47.25	45.94	47.57	46.13	46.72
未取消县	48.84	49.18	50.71	51.73	50.12	51.90	50.39	48.27	51.35	50.81	50.21

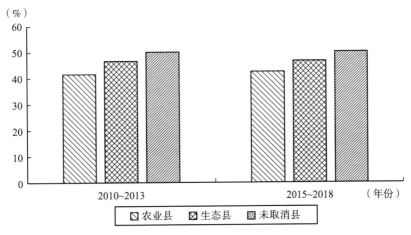

图 2-8　福建省三类县历年第二产业占 GDP 比重

三、第三产业占 GDP 比重

表 2-10 和图 2-9 列示了福建省三类县历年第三产业占 GDP 比重在 2010~2018 年的相关数据。结果表明，2010~2013 年，农业县、生态县、未取消县的该指标均值分别为 33.93%、34.90%、34.15%；2015~2018 年，上述三类县的均值分别为 37.23%、37.36%、36.90%。通过政策实施之前和之后的指标对比可以看出，三类县在政策实施之后，显著大幅增长。由图 2-9 可见，农业县增长势头明显，政策之后涨幅为 9.73%，生态县涨幅为 7.05%，略低于未取消县，但生态县的第三产业占 GDP 比重在三类县中是最高的。

表 2 - 10　　　　　　福建省三类县历年第三产业占 GDP 比重　　　　　单位：%

县类别	2010 年	2011 年	2012 年	2013 年	均值 1	2014 年	2015 年	2016 年	2017 年	2018 年	均值 2
农业县	33.38	34.52	33.81	34.01	33.93	34.30	35.71	37.32	37.71	38.19	37.23
生态县	34.81	35.63	34.74	34.42	34.90	34.48	35.91	37.12	37.39	39.00	37.36
未取消县	33.89	35.09	33.80	33.80	34.15	34.33	36.03	38.07	36.41	37.09	36.90

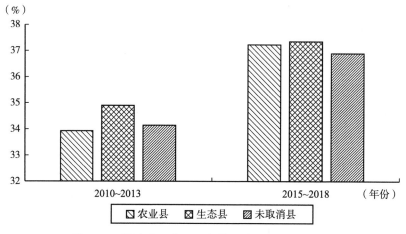

图 2 - 9　福建省三类县历年第三产业占 GDP 比重

四、小结

总体来看，福建省的产业布局表现为第二产业占 GDP 比重最高，第三产业占比次之，第一产业占比最低。表明福建省经济增长仍主要依靠第二产业拉动。具体来看，在政策实施之后，三类县的第一产业呈下降趋势，第二产业基本持平，第三产业上涨态势明显。表明政策实施之后，产业结构有所优化，第三产业驱动经济增长势头明显。特别是农业县和生态县，2014 年取消 GDP 考核之后，第三产业占比均值上升较大，农业县的第一产业占比也呈明显下降的趋势，产业结构布局改善趋势显著。根据福建省政府工作报告（2015 ~ 2018年）来看，在政策实施之后，福建省积极优化三类产业结构，并致力于三类产业协同发展，具体表现为以下几个方面。

在第一产业方面：建成各类大棚 11.5 万亩，1000 多亩设施农业基地 30个，补充耕地 8.15 万亩，腾出"两违规"整治用地 9.8 万亩；有效实施新一轮"千村整治、百村示范"工程,积极推进"四绿"工程,造林绿化 166.8 万亩,完成水土流失综合治理 260 万亩;全面推进农村集体产权制度改革,完成永久基本农田划定和土地承包经营权确权、登记发证工作;全面完成农业用地土壤污染状况细致调查,年处置危险废物能力由 94.1 万吨提高到 128.7 万吨,农业废物资源利用率达到 80%;全面落实国家生态文明试验区 38 项重点改革任务,有序推进武夷山国家公园体系试点、闽江流域景观林湖草生态保护与修复试点。

在第二产业方面:福建省注重优化存量、创造增量,积极发展规模以上产业增加值增长,采取多种措施降低成本。全省减轻企业负担 353 亿元,规模以上工业企业利润总额增长 19.5%;出台供给侧结构性改革"1+5+N"政策体系,牢牢把握"三去一降一补"五大任务,毫不动摇降低产能,超额完成国家钢铁、煤炭产能的削减任务;弥补四大领域的不足,积极扩大有效投资,实施两批 22 个补短板投资工程包,并且有力推进"数控一代"创新应用示范工程,带动产业集聚;全面完成安全生产标准化建设"三年提升工程",积极实施"百千万支撑工程"。

在第三产业方面:福建省稳步推进自由贸易试验区建设,在全国复制推进国际贸易"单一窗口"等创新项目;加快培育新业务业态,推进新旧动能接续转换;完善外贸企业贷款风险补偿资金池政策,率先在全国实现全覆盖"三个一"通关模式的海关验放合作,加大外贸进出口增幅;继续强化"9·8"投洽会招商引资功能,新设多个 1000 万美元以上的外商投资项目;积极参与"一带一路"建设,参与首届中国国际进口博览会,全面推进与海上丝绸之路沿线国家合作,让区域贸易实现进口与出口、采购与招商双丰收;全面启动国家综合医改试点省工作,推进"三医联动"改革,同时提高县域医疗服务能力,大量增加医疗卫生机构床位,省级医院与全国顶尖医院"一对一"合作共建;优先发展教育事业,高水平大学建设成效明显。

第五节　民　　生

本部分主要通过对三类县历年农村居民人均纯收入、历年医院及卫生院床位数、历年社会福利收养性单位数、历年社会福利收养性单位床位数进行分析,考察取消 GDP 考核这一政策是否能够促进民生的改善。

一、农村居民人均纯收入

表2-11和图2-10是福建省三类县历年农村居民人均纯收入的描述性统计。结合图表可见，福建省三类县历年农村居民人均纯收入呈现出大幅上升的趋势，实现了翻番增长。其中，未取消县的历年农村居民人均纯收入最高，比农业县和生态县高出2000元左右，农业县和生态县的历年农村居民人均纯收入则相差不多。分区间来看，2010～2013年，农业县、生态县、未取消县的该指标均值分别为0.84万元、0.86万元、1.03万元；2015～2018年，上述三类县的均值分别为1.39万元、1.38万元、1.66万元。通过政策实施之前和之后的指标对比可以看出，在政策实施之后，三类县的该指标均大幅提高。其中，农业县历年农村居民人均纯收入增幅最多，增幅为65.48%；未取消县次之，增幅为61.17%；生态县最低，增幅为60.47%。

表2-11　　　　　　　福建省三类县历年农村居民人均纯收入　　　　单位：万元

县类别	2010年	2011年	2012年	2013年	均值1	2014年	2015年	2016年	2017年	2018年	均值2
农业县	0.67	0.78	0.89	1.00	0.84	1.11	1.22	1.32	1.45	1.58	1.39
生态县	0.69	0.80	0.91	1.03	0.86	1.11	1.21	1.31	1.43	1.56	1.38
未取消县	0.82	0.96	1.09	1.23	1.03	1.34	1.46	1.59	1.73	1.86	1.66

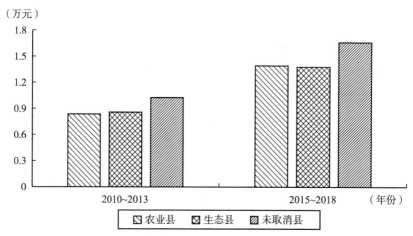

图2-10　福建省三类县历年农村居民人均纯收入

二、医院及卫生院床位数

表 2 - 12 列示了福建省三类县历年医院及卫生院床位数在 2010～2018 年的相关数据。结合图 2 - 11 可以看出，无论是 2010～2013 年还是 2015～2018 年，未取消县的医院及卫生院床位数都是最高，农业县次之，生态县最低。具体而言，2010～2013 年，农业县、生态县、未取消县的该指标均值分别为 0.99 千张/万人、0.79 千张/万人、1.45 千张/万人；2015～2018 年，上述三类县的均值分别为 1.30 千张/万人、1.20 千张/万人、2.06 千张/万人。通过政策实施之前和之后的指标对比可以看出，三类县在政策实施之后，普遍有所提高。其中，生态县的医院及卫生院床位数增幅最多，增幅为 51.90%；未取消县次之，增幅为 42.07%；农业县最小，增幅为 31.31%。

表 2 - 12　　　　　　　　福建省三类县历年医院及卫生院床位数　　　　　　单位：千张/万人

县类别	2010 年	2011 年	2012 年	2013 年	均值 1	2014 年	2015 年	2016 年	2017 年	2018 年	均值 2
农业县	0.84	0.90	1.02	1.18	0.99	1.19	1.23	1.32	1.33	1.32	1.30
生态县	0.66	0.73	0.81	0.94	0.79	0.98	1.06	1.22	1.21	1.32	1.20
未取消县	1.29	1.38	1.50	1.62	1.45	1.84	1.97	2.08	2.01	2.19	2.06

注：表中 2010～2018 年数据齐全的县总共 37 个，其中农业县 16 个、生态县 7 个、未取消县 14 个。

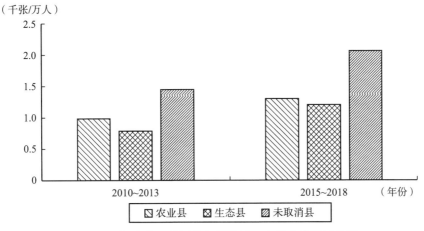

图 2 - 11　福建省三类县历年医院及卫生院床位数平均值

三、社会福利收养性单位数

本部分整理了福建省三类县历年社会福利收养性单位数在 2010～2018 年的相关数据，具体见表 2 – 13 和图 2 – 12。总体来看，无论是 2010～2013 年，还是 2015～2018 年，未取消县的社会福利收养性单位数始终保持最高。分区间来看，2010～2013 年，农业县和生态县社会福利收养性单位数的均值分别为 11.25 个/万人，未取消县社会福利收养性单位数为 19.54 个/万人；2015～2018 年，农业县社会福利收养性单位数保持不变，为 11.25 个/万人，生态县为 21.07 个/万人，未取消县为 30.92 个/万人。对比数据可以看出，在政策实施之后，农业县的历年社会福利收养性单位数未发生明显变化，生态县大幅上升，且增幅最多，为 87.29%；未取消县有所增加，增幅为 58.24%。

表 2 – 13　　　　　　福建省三类县历年社会福利收养性单位数　　　　　　单位：个/万人

县类别	2010 年	2011 年	2012 年	2013 年	均值 1	2014 年	2015 年	2016 年	2017 年	2018 年	均值 2
农业县	13.50	8.50	11.50	11.50	11.25	11.50	11.00	13.00	10.50	10.50	11.25
生态县	8.88	9.25	12.50	14.38	11.25	14.38	16.88	22.38	19.50	25.50	21.07
未取消县	17.17	16.00	19.00	26.00	19.54	32.67	31.83	31.83	30.17	29.83	30.92

注：表中 2010～2018 年数据齐全的县总共 16 个，其中农业县 2 个、生态县 8 个、未取消县 6 个。

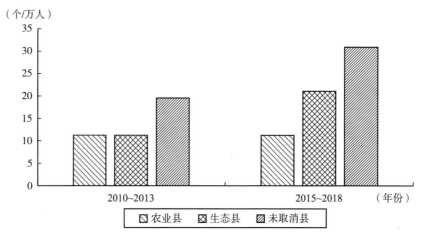

图 2 – 12　福建省三类县历年社会福利收养性单位数

四、社会福利收养性单位床位数

此处列示了福建省三类县历年社会福利收养性单位床位数在 2010~2018 年的相关数据,具体见表 2-14。结合图 2-13 可以看出,无论是 2010~2013 年,还是 2015~2018 年,未取消县的社会福利收养性单位床位数的均值都是最高,农业县次之,生态县最低。由图表可知,2010~2013 年,农业县社会福利收养性单位床位数的均值为 0.44 千张/万人,生态县为 0.36 千张/万人,未取消县为 0.53 千张/万人;2015~2018 年,上述三类县的均值分别为 0.68 千张/万人、0.62 千张/万人、1.27 千张/万人。可以看出,三类县的该指标在实施政策后均有较大幅度的增长,其中未取消县历年社会福利收养性单位床位数平均值增幅最多,增幅为 139.62%;生态县次之,增幅为 72.22%;农业县最小,增幅为 54.55%。

表 2-14　　　　　　福建省三类县历年社会福利收养性单位床位数　　　　单位:千张/万人

县类别	2010 年	2011 年	2012 年	2013 年	均值 1	2014 年	2015 年	2016 年	2017 年	2018 年	均值 2
农业县	0.25	0.41	0.57	0.51	0.44	0.47	0.53	0.46	0.78	0.95	0.68
生态县	0.25	0.33	0.40	0.44	0.36	0.50	0.57	0.68	0.60	0.62	0.62
未取消县	0.26	0.49	0.55	0.81	0.53	0.92	1.04	1.15	1.26	1.62	1.27

注:表中 2010~2018 年数据齐全的县总共 18 个,其中农业县 3 个、生态县 8 个、未取消县 7 个。

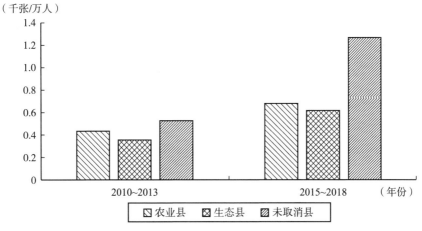

图 2-13　福建省三类县历年社会福利收养性单位床位数

五、小结

综上所述，在政策实施之后，各类县的农村居民人均纯收入、医院及卫生院床位数、社会福利收养性单位数和社会福利收养性单位床位数均呈上升趋势。其中，农业县农村居民人均纯收入上升最快；生态县医院及卫生院床位数、社会福利收养性单位数上升幅度最快。具体来看，在攻坚扶贫方面，福建省积极构建"三位一体"的扶贫工作格局，加快推进省级扶贫开发工作重点县建设，"造福工程"成效显著。在医疗方面，福建省开展县域紧密型医共体试点，新增大量医疗卫生机构床位以及重大疾病保障病种，实现大病保险全覆盖。在其他民生方面，福建省全面完成省委省政府为民办实事项目，积极扩大就业，使就业人数大幅增加；加快发展养老服务事业，提高城乡居民基础养老金最低标准，稳步提高家庭社区和农村养老服务中心的覆盖率；加强房地产市场精准调控，全面推行安置型商品房、公租房和共有产权住房，提供优质住房保障；优先发展教育事业，积极提升普惠性幼儿园覆盖率；全面完成退役军人安置任务，持续发展社会福利和慈善事业（福建省政府工作报告，2015～2018）。

第六节　全要素生产率

由于全要素生产率是衡量经济发展质量的重要指标，因此，本节以2010～2018年为研究区间，将样本分为政策实施之前和政策实施之后，对福建省农业县和生态县的全要素生产率进行动态实证分析，进而考察政策实施前后全要素生产率的变化，并揭示全要素生产率变化的动因。与此同时，本节还将农业县、生态县与未受政策影响的县进行对比，进一步考察各类县全要素生产率变化的差异。

一、数据来源与研究设计

（一）指标选取与数据来源

本节使用数据包络分析法（DEA）的 Malmqust 指数法（即 DEA – Malmqust）

测算福建省 34 个①农业县和生态县在 2010~2018 年的全要素生产率（TFP）水平。用于计算全要素生产率的投入产出指标选取如下：第一，产出指标选取 2010~2018 年福建省各县的地区生产总值；第二，投入指标包括资本和劳动，分别选取 2010~2018 年福建省各县的固定资产投资额和从业人数。以上数据来源于 CSMAR 县域经济数据库，缺失的数据从各县统计局公布的当年统计年鉴中手工收集补齐。

（二）研究方法

依据以往文献，本节运用 DEAP 2.1 软件输出各县 2010~2018 年的全要素生产率变化指标及其分解指标。具体为：全要素生产率变化（Tfpch），包括两个分解指标，分别为技术变化（Techch）和技术效率变化（Effch），其中，技术效率变化（Effch）也包括两个分解指标，分别为纯技术效率变化（Pech）和规模效率变化（Sech）。由于 DEA - Malmqust 方法输出的是各变量的相对效率，因此，各指标如果大于 1，表明该县的全要素生产率或分解指标有所改善；如果小于 1，表明相应指标没有改善。

由于福建省是在 2014 年发布文件以取消农业县和生态县的 GDP 考核，考虑到政策实施当年实施效果不会马上显现，因此，本研究将样本分为两个区间，分别是政策实施之前（即 2010~2013 年）和政策实施之后（即 2015~2018 年），从而可以深入考察政策实施是否能够带来全要素生产率的改善，并分析改善的来源，如果未改善，又是什么因素导致的。

二、福建省各类县全要素生产率结果分析

（一）全要素生产率总体变化特征

表 2-15 是农业县和生态县全要素生产率均值的总体变化统计结果。从表中可以看出，农业县 2010~2013 年全要素生产率的动态变化均值为 1.084，2015~2018 年全要素生产率的动态变化均值为 1.089，提高了 0.5%；生态县 2010~2013 年全要素生产率的动态变化均值为 1.014，2015~2018 年全要素生产率的动态变化均值为 1.049，提高了 3.5%。具体来看，在政策实施之后，

---

① 取消 GDP 考核的 34 个县当中，农业县为 22 个、生态县为 12 个。

两类县都有不同程度的增长，其中，农业县全要素生产率改善得最多，由政策实施之前的13个增长到21个，有效率县比重由76.47%增长到95.45%；生态县也由实施之前的7个县增长到9个县，有效率县比重由58.33%增长到75.00%。

上述分析表明，农业县和生态县在取消了GDP考核之后，由于鼓励实行农业优先和生态保护优先的策略，因地制宜发展相关产业，全要素生产率在政策实施之后得到了有效提高，也就是说，多数县域经济的进步不仅是投入型增长，而且是伴随着经济发展质量的提高。

表2-15 全要素生产率均值基本统计特征

县类别	政策之前（2010~2013年）			政策之后（2015~2018年）		
	均值	大于1的县个数（个）	有效率县（%）	均值	大于1的县个数（个）	有效率县（%）
农业县全要素生产率	1.084	13	76.47	1.089	21	95.45
生态县全要素生产率	1.014	7	58.33	1.049	9	75.00

注：有效率县 = 全要素生产率大于1的县个数/总县数。

（二）改善县的全要素生产率分解分析

由表2-15的分析可知，2010~2013年，农业县和生态县全要素生产率改善的县分别为13个和7个，2015~2018年，全要素生产率改善的县分别提高到21个和9个。以上变化是源于技术变化（Techch）改善还是技术效率变化（Effch）改善，还是两者兼而有之？技术效率变化的改善又是源于纯技术效率变化抑或规模效率变化？研究这些问题有助于揭示农业县和生态县经济增长质量提高的动因，从而发现各类县发展的优势和短板，进而可以明确各类县的未来发展目标。表2-16是对改善县的全要素生产率进行分解分析。具体来看表现为以下几个方面。

1. 农业县。2010~2013年，全要素生产率改善的有13个县，其中12个县实现了技术效率变化（Effch）的改善，8个县实现了技术变化（Techch）的改善，两者同时改善的有7个县；2015~2018年，农业县全要素生产率改善的县提高到21个，全部实现了技术变化（Techch）的改善（21个），但是技术效率变化（Effch）改善的县下降为8个。这说明在政策实施之后，全要素生

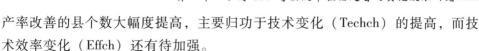

产率改善的县个数大幅度提高，主要归功于技术变化（Techch）的提高，而技术效率变化（Effch）还有待加强。

再看技术效率变化（Effch）的两个分解指标，纯技术效率变化（Pech）和规模效率变化（Sech）在政策实施之前改善的县分别有 11 个和 7 个，而政策实施之后，分别下降为 7 个和 5 个。表明农业县的技术效率受到纯技术效率变化（Pech）和规模效率变化（Sech）的共同拖累。

2. 生态县。2010～2013 年全要素生产率改善的县有 7 个，2015～2018 年全要素生产率改善的县有 9 个，主要源于技术变化（Techch）上的进步（由政策实施之前的 4 个县增长为 9 个县）；技术效率变化（Effch）改善的县个数有一定程度的下降，由政策之前的 7 个降为之后的 4 个，具体体现在纯技术效率变化（Pech，由政策实施之前的 5 个县下降为 4 个县）和规模效率变化（Sech，由政策实施之前的 6 个县下降为 1 个县）的双下降。

表 2-16　　　　　　　　　改善县的全要素生产率分解分析

分解指标	农业县		生态县	
	2010～2013 年 （13 个）	2015～2018 年 （21 个）	2010～2013 年 （7 个）	2015～2018 年 （9 个）
Effch > 1	12	8	7	4
Techch > 1	8	21	4	9
Effch 且 Techch > 1	7	8	4	4
Pech > 1	11	7	5	4
Sech > 1	7	5	6	1
Pech 且 Sech > 1	6	4	4	1

综上所述，农业县和生态县全要素生产率的改善，主要是技术变化的贡献，技术效率变化未能发挥拉动作用。这可能是由于在政策实施之后，虽然加大了新技术的应用，表现为技术变化指标进步了，但是还未充分有效地挖掘新技术的潜能，从而表现为技术效率变化的下降。

（三）未改善县的全要素生产率分解分析

本部分主要是对未改善的农业县和生态县的全要素生产率进行分解分析。

通过分解分析，可以明确这些县全要素生产率没有改善的原因以及存在的短板，从而为这些县指明今后努力的方向。表2-17是对未改善县的全要素生产率分解分析。具体来看表现为以下几个方面。

表2-17　　　　　　　　　未改善县的全要素生产率分解分析

分解指标	农业县		生态县	
	2010~2013年（4个）	2015~2018年（1个）	2010~2013年（5个）	2015~2018年（3个）
Effch < 1	1	1	1	3
Techch < 1	4	0	5	0
Effch 且 Techch < 1	1	0	1	0
Pech < 1	1	1	1	2
Sech < 1	1	1	0	2
Pech 且 Sech < 1	1	1	0	1

1. 农业县。从表2-17可以看到，2010~2013年，农业县全要素生产率未改善的县有4个，其中1个县的技术效率变化（Effch）未改善，4个县的技术变化（Techch）未改善，两者同时未改善的有1个县；2015~2018年，全要素未改善的县只剩下1个，主要是受到技术效率变化（Effch）的拖累，它的两个分解指标，也均小于1。

2. 生态县。从表2-17可以看出，在政策实施之后，生态县全要素生产率未改善的生态县由以前的5个下降为3个。与农业县类似，在3个未改善的生态县当中，也全部是受到技术效率变化（Effch）的拖累，其中，有2个县的纯技术效率变化（Pech）未改善，有2个县的规模效率变化（Sech）未改善，同时未改善的县有1个。

综上所述，全要素生产率未改善的农业县和生态县，均源于技术效率变化（Effch）的未改善，而技术效率变化（Effch）的未改善，则是受到纯技术效率变化（Pech）和规模效率变化（Sech）的双重拖累所致。

（四）按区域统计的分析结果

习近平总书记在中央财经委员会第五次会议上的讲话中提出："发挥各地

区比较优势"，从而"形成优势互补、高质量发展的区域经济布局"。因此，将全要素生产率按照区域划分，有助于了解各地区的发展状况，有针对性地采取相应的改进措施。鉴于此，本章将福建省划分为闽北、闽中、闽西、闽东和闽南五个区域，考察各区域农业县和生态县全要素在政策实施之前和之后的变化，具体见表 2 - 18。

表 2 - 18　　　　　　　全要素生产率区域统计特征

区域	县类别	政策之前（2010～2013 年）		政策之后（2015～2018 年）	
		均值大于 1 的县个数 *	有效率县比重/% **	均值大于 1 的县个数	有效率县比重/%
闽北	农业县	4	66.67	6	100.00
	生态县	0	0.00	1	100.00
闽中	农业县	0	0.00	1	100.00
	生态县	0	0.00	1	100.00
闽西	农业县	6	100.00	10	90.91
	生态县	2	100.00	2	100.00
闽东	农业县	0	0.00	1	100.00
	生态县	3	75.00	2	50
闽南	农业县	3	100.00	3	100.00
	生态县	2	50.00	3	77.78

注：* 表示全要素生产率均值大于 1 的某地区某类县的个数；** 有效率县比重 = 全要素生产率大于 1 的县个数/总县数。

　　闽北地区 2010～2013 年共有 4 个县的全要素生产率大于 1，其中，农业县 4 个（光泽县、建瓯市、浦城县、顺昌县），生态县的全要素生产率均小于 1；2015～2018 年，全要素生产率大于 1 的县共 7 个，其中农业县 6 个（光泽县、建瓯市、浦城县、顺昌县、政和县、松溪县），生态县 1 个（武夷山市），且有效率县比重均达到 100%。说明政策实施之后，闽北地区农业县和生态县的全要素生产率均得到了提高。

　　闽中地区包括 1 个农业县（闽清县）和 1 个生态县（永泰县），政策实施之前，这两个县的全要素生产率均小于 1；政策实施之后，两个县的全要素生产率均大于 1，经济发展质量有明显的改善。

闽西地区取消 GDP 考核的县数量最多，由表 2 - 18 可知，2010～2013 年，共有 8 个县的全要素生产率大于 1，其中，农业县 6 个（宁化县、将乐县、尤溪县、建宁县、明溪县、清流县），生态县 2 个（大田县、泰宁县）；2015～2018 年，全要素生产率大于 1 的县共 12 个，其中农业县 10 个（宁化县、将乐县、尤溪县、建宁县、明溪县、清流县、上杭县、武平县、连城县、长汀县），生态县 2 个（大田县、泰宁县）。可以看出，在政策实施之后，农业县全要素生产率改善明显，由之前的 6 个县增加到 10 个县。

在闽东地区，政策实施之前全要素生产率大于 1 的县主要是生态县，分别为寿宁县、柘荣县、屏南县；2015～2018 年，全要素生产率大于 1 的县数量不变，分别为农业县 1 个（古田县），生态县 2 个（寿宁县、柘荣县），属于生态县的屏南县没能继续保持优势，因此，该地区在发展农业的同时，也应当同时促进生态县的发展。

闽南地区共有 6 个县被取消了 GDP 考核，其中 3 个农业县（南靖县、平和县、长泰县）经济发展势头良好，全要素生产率在政策实施之前和之后始终大于 1，有效率县比重为 100%；生态县在政策实施之后，全要素生产率改善的县有所增加，由政策之前的 2 个（华安县、德化县）增加到政策之后的 3 个（华安县、德化县、永春县），但是生态县有效率县比重仅为 77.78%，因此，还要进一步加大促进相关生态县的经济发展质量。

综合区域分析结果可以看出，在政策实施之后，各地区存在发展不均衡的现象，闽北、闽中地区的农业县和生态县全要素生产率改善明显，有效率县比重达到了 100%；闽西、闽东和闽南地区的农业县和生态县经济发展质量也有所提高，值得注意的是，闽西地区的部分农业县、闽东和闽南地区的部分生态县，全要素生产率仍小于 1，因此，应当因地制宜，继续发挥政策和地区优势，加强和引导相关县的发展进程，全面促进全要素生产率的提高，实现经济的高质量发展。

（五）与未受政策影响的县进行对比

前文分析了取消 GDP 考核之前和之后，农业县和生态县全要素生产率及其分解变量的变化，但是还没有与未受到该政策影响的县（以下简称未取消县）进行对比。根据福建省主体功能区规划，未取消县主要是归属于优化开发区域和重点开发区域的县，经济基础较好，通过对这些县的全要素生产率变化进行分析，可以找出农业县和生态县在经济发展道路上存在的差异。

表 2-19 列示了未取消县全要素生产率及分解指标分析和分地区统计数据。（1）从分指标统计可以看出，相对于 2010~2013 年，在 2015~2018 年，未取消县的全要素生产率改善明显，由政策实施之前的 12 个增长到之后的 20 个；改善同时受到技术变化和技术效率变化的驱动，其中，技术变化（Techch）改善的县由政策实施之前的 7 个县增长为 20 个县，技术效率变化（Effch）改善的县由政策实施之前的 11 个县增长为 12 个县，两者同时改善的县由原来的 6 个县增加到 12 个县。进一步地，再看技术效率变化（Effch）的两个分解指标，2010~2013 年，技术效率变化改善的 11 个县当中，都实现了纯技术效率变化（Pech）改善，但是规模效率变化（Sech）改善的县只有 5 个；而在 2015~2018 年，技术效率变化（Effch）改善的县增加到 12 个县，这主要是规模效率变化（Sech）较政策实施之前提高的结果。（2）从分地区统计来看，在 2015~2018 年间，闽北、闽西和闽东地区的有效率县比重均达到了 100%，闽中和闽南的有效率县比重也有明显的提高。

表 2-19　　　　　　　　　　　未取消县的全要素生产率分析

分指标统计			分地区统计		
指标名称	（2010~2013 年）（个）	（2015~2018 年）（个）	地区名称	（2010~2013 年）（个）	（2015~2018 年）（个）
Tfpch>1	12	20		12	20
Effch>1	11	12	闽北	2（100%）	2（100%）
Techch>1	7	20	闽中	4（66.67%）	5（83.33%）
Effch 且 Techch>1	6	12	闽西	2（100%）	3（100%）
Pech>1	11	9	闽东	1（33.33%）	3（100%）
Sech>1	5	10	闽南	3（33.33%）	7（77.78%）
Pech 且 Sech>1	5	7			

注：括号中数据是有效率县比重。

　　对比农业县和生态县，可以看到：（1）从全要素生产率变化来看，未取消县全要素生产率的改善主要源于技术变化（Techch）和技术效率变化（Effch）的双重驱动，而农业县和生态县全要素生产率的改善仅源于技术变化（Techch）的驱动，技术效率变化（Effch）的改善不明显；（2）从区域结果来看，未取消县的区域发展水平较平衡，有三个地区的有效率县比重达到100%，而农业县、生态县仅有两个地区达到100%。

三、小结

为了发挥地区优势，促进县域经济的高质量发展，福建省于2014年取消了农业县和生态县的GDP考核，为了检验上述经济增长目标转换政策的实施效果，本节考察了福建省农业县和生态县全要素生产率的动态变化，总体来看，政策的实施有效地促进了县域经济发展质量的提高。具体结论如下：（1）福建省的农业县和生态县在2010~2018年表现各异，对比政策实施之前，在政策实施之后，全要素生产率改善的县在数量上有了较大幅度的提高，且主要依赖于技术变化上的驱动，技术效率变化的驱动不明显。这与未取消县全要素生产率的改善源于技术变化和技术效率的双重进步相比，还存在一定差距。（2）对于在政策实施之后全要素生产率仍未改善的县，主要是受到技术效率的拖累，从它的分解指标来看，需要同时提高纯技术效率变化和规模效率变化，才能有效促进技术效率的改善。（3）从区域发展状况来看，大部分地区的农业县和生态县全要素生产率都得到了改善，但尚有闽西地区的农业县、闽东和闽南地区的生态县的全要素生产率未改善，需要进一步提升。

第七节　本章小结

1. 农业县。在政策实施之后，从经济增长方面来看，尽管平均GDP增长率、历年平均人均GDP增长率指标有所下降，但平均GDP、平均人均GDP指标均稳步上升，经济发展持续稳定；从经济结构来看，有明显改善，这主要得益于固定资产投资（不含农户）占GDP比重以及社会消费品零售总额占GDP比重均大幅上升；从产业结构来看，有一定程度的优化，具体来看，第一产业占GDP比重指标大幅下降，第二产业占GDP比重指标基本持平，第三产业占GDP比重显著上升；从民生方面来看，有明显改善，主要是因为农村居民人均纯收入、医院及卫生院床位数、社会福利收养性单位床位数大幅上升，仅社会福利收养性单位数指标基本持平。全要素生产率改善的县的数量大幅提高，这主要归功于技术变化的进步。

2. 生态县。在政策实施之后,从经济增长方面来看,平均 GDP、平均人均 GDP 指标均大幅上升,但平均 GDP 增长率、平均人均 GDP 增长率指标大幅下降;从经济结构来看,进一步完善,主要表现为固定资产投资(不含农户)占 GDP 比重、社会消费品零售总额占 GDP 比重大幅上升;从产业结构来看,优化明显,具体来看,第一产业占 GDP 比重指标大幅下降,第二产业占 GDP 比重指标基本持平,第三产业占 GDP 比重小幅上升;从民生方面来看,也有明显的改善,主要是因为农村居民人均纯收入、医院及卫生院床位数等相关民生指标均大幅上升。全要素生产率改善的县的数量也有所提高,主要源于技术变化的贡献。

综上所述,福建省在 2014 年取消 GDP 考核之后,积极推动了农业县和生态县的发展,取得显著成果,但在发展中也存在不足:在经济结构方面,虽然经济增长依靠消费拉动的比重有所增加,但仍主要靠固定资产投资拉动;在产业结构方面,依然存在着工业比重较高,第三产业发展相对薄弱的现象,表明经济增长仍主要依靠第二产业拉动;两类县全要素生产率的改善,主要是技术变化的贡献,技术效率变化未能发挥拉动作用,还有待进一步提高。

第三章

取消 GDP 考核改革在福建省 各市的实施情况

第一节　本章概述

第二章研究了取消 GDP 考核改革在福建省的整体实施情况，考虑到各地级市的发展水平不同，政策在各地开展的进度和力度不同，本章将进一步深入分析，考察取消 GDP 考核改革在各地级市的实施情况。福建省下辖福州、厦门、泉州、漳州、莆田、龙岩、三明、南平、宁德 9 个地级市，其中厦门市和莆田市没有被取消 GDP 考核，因此，本章不考虑这两个地级市，仅对宁德、福州、三明、龙岩、南平、泉州、漳州 7 个地级市分别展开分析。

与第二章的研究方法类似，本章将各地级市下辖的所有县（市）划分为三大类，即未取消 GDP 考核的县（市）、取消 GDP 考核的农业县（市）和取消 GDP 考核的生态县（市），通过对三类县在政策实施前、后的纵向变化，并将农业县、生态县与未取消县进行横向对比，进行多角度的描述性统计。具体涉及的指标如下。

（1）经济增长方面：地区生产总值（以下简称 GDP）、地区生产总值增长率（以下简称 GDP 增长率）、人均地区生产总值（以下简称人均 GDP）、人均地区生产总值增长率（以下简称人均 GDP 增长率）。

（2）经济结构方面：固定资产投资占 GDP 比重、社会消费品零售总额占 GDP 比重。

（3）产业结构方面：第一产业占 GDP 比重、第二产业占 GDP 比重、第三产业占 GDP 比重。

（4）民生方面：农村居民人均纯收入、医院及卫生院床位数、社会福利收养性单位数、社会福利收养性单位床位数。

第二节 宁 德 市

宁德市下辖 8 个县（市），2014 年之后，共有 5 个县（市）取消了考核，其中属于农产品主产区的县（市）是古田县（以下简称农业县），属于重点生态功能区的有屏南县、寿宁县、周宁县、柘荣县（以下简称生态县），未取消 GDP 考核的有 3 个县（市），分别是福安市、福鼎市、霞浦县（以下简称未取消县）。具体见表 3－1。

表 3－1　　　　　　　宁德市取消 GDP 考核县（市）情况

类别		县（市）名称
取消 GDP 考核	农产品主产区	古田县
	重点生态功能区	屏南县、寿宁县、周宁县、柘荣县
未取消 GDP 考核		福安市、福鼎市、霞浦县

一、经 济 增 长

本部分主要通过对历年 GDP、历年 GDP 增长率、历年人均 GDP、历年人均 GDP 增长率的分析，考察取消 GDP 考核这一政策的实施具体对经济增长产生的影响。具体对比分析取消 GDP 考核的农业县、生态县和未取消县在 2014 年前后各数据的走势变化。

（一）地区生产总值

表 3－2 和图 3－1 是宁德市三类县历年 GDP 的描述性统计。结果表明，宁德市各县的 GDP 都在稳步上升。2010～2013 年，农业县、生态县、未取消县的该指标均值分别为 110.41 亿元、169.58 亿元、607.70 亿元；2015～2018 年，上述三类县的均值分别为 160.47 亿元、235.92 亿元、949.53 亿元。通过

政策实施之前和之后的指标对比可以看出，在政策实施之后，三类县该指标普遍有所上升，并且未取消县的 GDP 数值始终远大于农业县和生态县，其中未取消县的上升幅度最大，为 56.25%。

县类别	2010 年	2011 年	2012 年	2013 年	均值 1	2014 年	2015 年	2016 年	2017 年	2018 年	均值 2
农业县	81.87	109.08	125.36	125.33	110.41	139.83	150.12	161.27	162.98	167.50	160.47
生态县	125.03	168.67	192.29	192.31	169.58	213.06	227.94	248.14	227.81	239.79	235.92
未取消县	404.89	613.26	706.41	706.25	607.70	783.80	842.13	913.70	974.85	1067.42	949.53

表 3-2　　　　　　　　　　　宁德市三类县历年 GDP　　　　　　　　　　　单位：亿元

资料来源：各类县历年数据根据附录宁德市各县基本指标算数平均所得；均值 1 为 2010~2013 年各类县数据的平均值，均值 2 为 2015~2018 年各类县数据的平均值。下同。

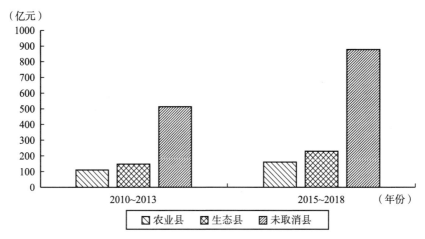

图 3-1　宁德市三类县历年 GDP

注：2010~2013 年各类县柱形图根据表 3-2 中的均值 1 绘制，2015~2018 年各类县柱形图根据表 3-2 中的均值 2 绘制。下同。

（二）地区生产总值增长率

表 3-3 列示了三类县历年 GDP 增长率在 2010~2018 年的相关数据，可以看出三类县历年 GDP 增长率变化起伏较大。结合图 3-2，2010~2013 年，农业县、生态县、未取消县的该指标的均值为 16.62%、17.10%、22.14%；2015~2018 年，上述三类县的均值为 4.66%、3.14%、8.08%。可以看出，在政策实施之后，三类县平均 GDP 增长率普遍大幅下降。其中，

生态县的降幅最大（ -81.64% ），农业县次之（ -71.96% ），未取消县最小（ -63.50% ）。

表 3 - 3 　　　　　　　　　　宁德市三类县历年 GDP 增长率　　　　　　　　单位：%

县类别	2010 年	2011 年	2012 年	2013 年	均值 1	2014 年	2015 年	2016 年	2017 年	2018 年	均值 2
农业县	18.33	33.24	14.92	- 0.02	16.62	11.57	7.36	7.43	1.06	2.77	4.66
生态县	19.57	34.90	13.93	0.01	17.10	10.59	6.79	8.86	- 7.93	4.84	3.14
未取消县	22.00	51.57	15.00	- 0.02	22.14	10.99	7.77	8.95	6.39	9.19	8.08

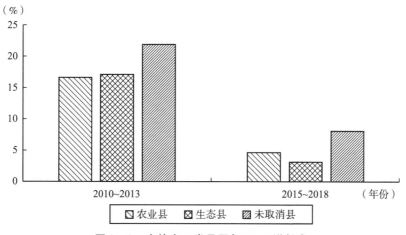

图 3 - 2 　宁德市三类县历年 GDP 增长率

（三）人均地区生产总值

表 3 - 4 和图 3 - 3 是宁德市三类县的历年人均 GDP 的统计情况。从该表可以看出，2010 ~ 2013 年，农业县、生态县、未取消县的人均 GDP 的数值分别是 2.57 万元/人、2.38 万元/人、3.38 万元/人；2015 ~ 2018 年，上述三类县的该指标的均值分别是 3.73 万元/人、3.24 万元/人、5.18 万元/人。结合图 3 - 3 可以看出，通过政策实施前后指标的对比，三类县在政策实施之后平均人均 GDP 数值都有所提高，未取消县的增幅最明显，为 52.80%。

表 3 - 4　　　　　　　宁德市三类县历年人均 GDP　　　　　　单位：万元/人

县类别	2010 年	2011 年	2012 年	2013 年	均值 1	2014 年	2015 年	2016 年	2017 年	2018 年	均值 2
农业县	1.90	2.56	2.92	2.91	2.57	3.25	3.49	3.75	3.79	3.90	3.73
生态县	1.74	2.42	2.69	2.66	2.38	2.91	3.14	3.41	3.15	3.27	3.24
未取消县	2.27	3.43	3.93	3.89	3.38	4.24	4.61	4.99	5.32	5.78	5.18

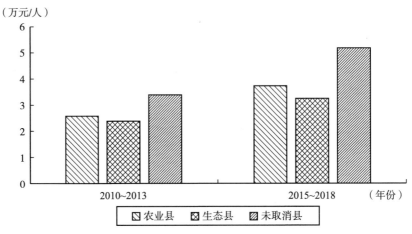

图 3 - 3　宁德市三类县历年人均 GDP

（四）人均地区生产总值增长率

表 3 - 5 和图 3 - 4 是宁德市三类县历年 GDP 增长率的统计情况。从图 3 - 4 可以看出，2010～2013 年，农业县、生态县、未取消县的人均 GDP 增长率的数值分别是 16.66%、15.87%、21.20%；2015～2018 年，上述三类县的该指标的均值分别是 4.66%、3.44%、8.11%。综上所述，在政策实施之后，三类县的平均人均 GDP 增长率都大幅下降，从图 3 - 4 也能明显观察到变化趋势，与图 3 - 2 类似，生态县的降幅最大（-78.39%），农业县次之（-72.03%），未取消县最小（-61.75%）。

表 3 - 5　　　　　　宁德市三类县历年人均 GDP 增长率　　　　　单位：%

县类别	2010 年	2011 年	2012 年	2013 年	均值 1	2014 年	2015 年	2016 年	2017 年	2018 年	均值 2
农业县	18.33	34.48	13.86	-0.03	16.66	11.57	7.36	7.47	1.07	2.75	4.66
生态县	15.31	37.30	12.06	-1.18	15.87	9.58	8.88	8.39	-7.92	4.39	3.44
未取消县	21.07	50.28	14.53	-1.09	21.20	9.15	9.05	8.43	6.39	8.55	8.11

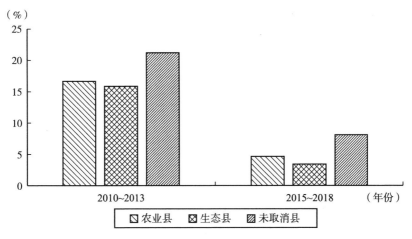

图 3 - 4　宁德市三类县历年人均 GDP 增长率

（五）小结

综上所述，通过政策实施之前和之后的对比，从绝对值指标来看，宁德市三类县的 GDP 和人均 GDP 在政策实施之后均有所上升，其中未取消县的增长幅度最高。但是从增长率指标来看，三类县的两个指标在政策实施之后均存在不同程度的明显下降，生态县的下降幅度最高，农业县次之，未取消县的下降幅度最小。

二、经济结构

本部分分别计算了投资和消费占 GDP 的比重，考察取消 GDP 考核这一政策是否促进了县域经济结构优化。主要从以下角度分析：一是历年固定资产投资（不含农户）占 GDP 比重变化，二是历年社会消费品零售总额占 GDP 比重变化。

（一）固定资产投资占 GDP 比重

表 3 - 6 和图 3 - 5 是宁德市三类县历年固定资产投资（不含农户）占 GDP 比重的统计情况。从图表可以看出，2010 ~ 2013 年，农业县、生态县、未取消县的固定资产投资（不含农户）占 GDP 比重的均值分别是 18.16%、43.66%、38.47%；2015 ~ 2018 年，上述三类县的该指标均值分别是 43.84%、97.33%、

68.45%。可以看出，农业县的增幅最大，增幅为141.41%，生态县次之（122.93%），未取消县最小（77.93%）。这一结果可能说明，农业县与生态县在取消GDP考核后，大幅提高了投资在GDP中的占比。从这两类县的政府工作报告（2015～2018）来观察，可以看出，农业县进行了学校相关项目建设（中小学图书馆提升工程、幼儿园小学改扩建）、农产品生产基地及工业区建设与扩大（国家级出口食用菌质量安全示范区、古田食品工业集中区、大甲工业集中区、城西工业区）、旅游景区开发（"一湖一宫一草场"核心景区、临水宫景区）、医院迁建与新建（县医院、县精神病防治院迁建、同仁医院新建）等项目的投资；生态县投资了环保配套工程建设（污水处理厂、生态水系工程的修缮与建设）、旅游景区开发建设、产业基地项目建设（生态硒锌产业）。

表3-6　　　　宁德市三类县历年固定资产投资（不含农户）占GDP比重　　　单位：%

县类别	2010年	2011年	2012年	2013年	均值1	2014年	2015年	2016年	2017年	2018年	均值2
农业县	8.45	4.71	22.45	37.04	18.16	45.47	46.79	44.55	40.66	43.36	43.84
生态县	32.53	30.55	43.44	68.12	43.66	82.29	94.56	84.22	101.42	109.12	97.33
未取消县	28.33	27.27	37.38	60.88	38.47	69.20	72.67	66.78	69.31	65.03	68.45

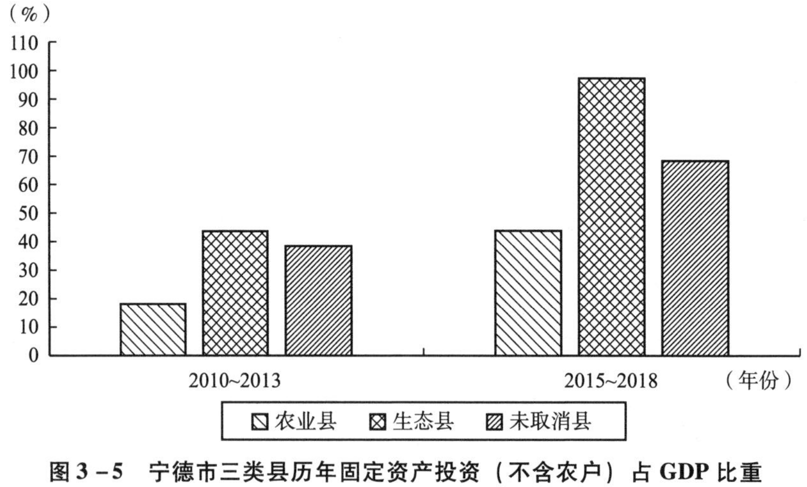

图3-5　宁德市三类县历年固定资产投资（不含农户）占GDP比重

（二）社会消费品零售总额占 GDP 比重

表 3-7 列示了宁德市三类县历年社会消费品零售总额占 GDP 比重在 2010~2018 年的相关数据。结合图 3-6 可以看出，2010~2013 年，未取消县的社会消费品零售总额占 GDP 比重的均值最高（28.30%），农业县次之（27.98%），生态县最低（24.90%）。而在 2015~2018 年，农业县的该指标有了较大的提升，幅度为 47.07%；生态县也有小幅度的提升，幅度为 22.65%；未取消县在政策实施之后变化不大，且由政策实施前的占比第一降至政策实施后的第三。以上分析表明，农业县与生态县在取消 GDP 考核后，大幅提高了消费在 GDP 中的占比。这反映出宁德市的农业县与生态县在取消 GDP 考核改革后，其经济结构得到了一定程度上的改善。

表 3-7 　　　宁德市三类县历年社会消费品零售总额占 GDP 比重　　　单位：%

县类别	2010 年	2011 年	2012 年	2013 年	均值 1	2014 年	2015 年	2016 年	2017 年	2018 年	均值 2
农业县	29.12	25.44	26.52	30.85	27.98	33.38	36.00	38.59	44.45	45.54	41.15
生态县	26.88	22.93	23.16	26.62	24.90	25.60	26.63	26.90	34.05	34.57	30.54
未取消县	32.31	25.48	25.78	29.62	28.30	28.77	29.63	29.74	30.14	30.16	29.92

图 3-6 宁德市三类县历年社会消费品零售总额占 GDP 比重

（三） 小结

根据以上分析可以看出，在政策实施之后，农业县靠消费拉动经济增长明显，同时生态县也在调整增加社会消费品零售占 GDP 比重，但上述两类县固定资产投资的增长更快，经济增长主要还是靠投资拉动；未取消县的两个指标在政策前后变化不明显，表明未取消县的经济结构未发生明显变化。因此，在取消 GDP 考核这一政策实施以来，农业县和生态县能够积极调整优化其经济结构，尤其是在消费上，都做到了用消费来拉动经济，说明在增加投资的同时也促进了消费，即在一定程度上促进了县域经济结构优化。

三、产业结构

本部分通过三类产业占 GDP 的比重，观察取消 GDP 考核这一政策能否促进地方产业结构的转型升级。

（一） 第一产业占 GDP 比重

表 3 - 8 和图 3 - 7 是宁德市三类县历年第一产业占 GDP 比重的统计情况。可以看出，在政策实施前后未取消县的第一产业占比变化较小，相对较为稳定。分区间看，2010 ~ 2013 年，农业县和生态县的该指标均值分别是27.33%、20.74%；2015 ~ 2018 年，农业县和生态县的该指标均值分别是24.72%、18.23%。可以看出，在政策实施之后，两类县的该指标都有小幅下降，幅度分别为 - 9.55% 和 - 12.10% 。

表 3 - 8　　　　　宁德市三类县历年第一产业占 GDP 比重　　　　单位：%

县类别	2010 年	2011 年	2012 年	2013 年	均值 1	2014 年	2015 年	2016 年	2017 年	2018 年	均值 2
农业县	28.34	27.07	27.74	26.18	27.33	24.78	23.97	24.18	24.51	26.23	24.72
生态县	21.08	20.45	21.59	19.85	20.74	19.49	18.99	19.33	17.03	17.55	18.23
未取消县	18.07	17.14	18.42	17.68	17.83	17.54	17.43	18.09	17.57	17.65	17.69

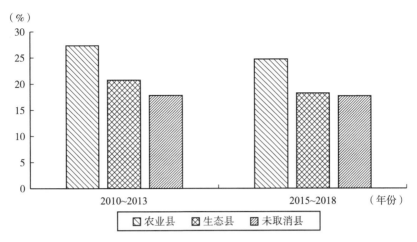

图 3 - 7　宁德市三类县历年第一产业占 GDP 比重

这主要是因为以下几个方面影响。

（1）农业县（古田县）为发展第一产业主要采取了以下几点措施：第一，为保证粮食产量，划定了万亩水稻功能区；第二，为推动食用菌产业的发展，加快农业产业化，升级改造了省食用菌产品质量监督检验中心，扩大了生产基地，并召开食用菌转型升级"千人大会"、第一届中国·古田食用菌产业发展研讨会来大力宣传特色产业，成立全国首个以食用菌为主题的电商创业园，成功举办第一届中国（古田）食用菌大会；第三，其他特色产业提质增效，如果蔬、水产、茶叶、红曲等特色农业加快提升，新增标准化生态茶园 1000 亩、竹林示范基地 500 亩，推广"古田银耳""十方田"农产品及红茶产品等品牌（宁德市政府工作报告，2015～2018 年）。

（2）生态县为发展第一产业主要采取了以下几点措施：第一，拓宽耕地面积，实施旧村复垦，建成高标准基本农田，保证粮播面积及产量；第二，为发展高山蔬菜、晚熟水果、冷凉花卉等特色产业，新建标准化生态茶园和山地农业综合开发示范基地、改良茶树品种、屏南县出台扶持高山花卉苗木产业发展实施方案等；第三，为使农业产业化水平提升，培育了多家农业产业化龙头企业，大量增加了农民专业合作社和家庭农场（宁德市政府工作报告，2015～2018 年）。

从以上措施可以看出，实施取消 GDP 考核政策的县（市），已经逐渐重视经济发展质量，大力支持第一产业的发展，而不再一味地追求 GDP 的增长速度。

（二）第二产业占 GDP 比重

表 3 - 9 和图 3 - 8 是宁德市三类县历年第二产业占 GDP 比重在 2010 ~ 2018 年的相关数据。可以看出，2010 ~ 2013 年，农业县、生态县、未取消县的第二产业占 GDP 比重的均值分别为 37.97%、46.00%、47.52%；2015 ~ 2018 年，上述三类县的该指标均值分别为 35.79%、44.67%、48.98%。通过政策实施之前和之后的指标对比可以看出，三类县在政策实施之后，未取消县的第二产业占比有所提升，幅度为 3.07%，农业县和生态县略有下降，幅度分别为 -5.74% 和 -2.89%，具体表现为以下几个方面。

（1）农业县在政策实施之后，为治理生态环境，关闭了敖江流域古田段饰面石材，并且饰面矿山、饰面石材矿点、石材加工企业有序关停退出，但为推动工业发展，出台了锂电新能源、食品加工业、建筑业、总部经济等产业发展政策，推出"园区贷"，启动古田食品工业集中区、搭建大甲工业集中区、物流园，打造新的"道口经济"，增加古田药业、屏湖红等多个技改项目建成投产。以上可以看出，农业县在 2015 ~ 2018 年期间第二产业占比下降的原因是在利用自身的优势产业，加快传统企业转型，令工业经济提质增效。

（2）生态县在政策实施之后，为落实"去产能"政策，取缔多家"地条钢"企业；为促进产业转型，加快了新能源新材料产业园、板式家具产业园等园区建设，鼓励扶持铸造企业兼并重组、转型升级，增加新兴产业对工业的影响，出台扶持促进工业发展政策，等等。以上政策可以了解到，生态县在政策实施之后，第二产业的占比仍在下降，是为了调整产业结构，取缔产能过剩的企业，促进新兴产业发展（宁德市政府工作报告，2015 ~ 2018 年）。

表 3 - 9 　　　　宁德市三类县历年第二产业占 GDP 比重 　　　　单位：%

县类别	2010 年	2011 年	2012 年	2013 年	均值1	2014 年	2015 年	2016 年	2017 年	2018 年	均值2
农业县	37.91	37.30	37.24	39.44	37.97	40.83	40.15	37.03	34.61	31.38	35.79
生态县	45.10	45.79	45.37	47.73	46.00	48.07	47.47	46.31	44.00	40.91	44.67
未取消县	44.72	47.10	48.16	50.09	47.52	50.61	49.91	48.06	49.11	48.85	48.98

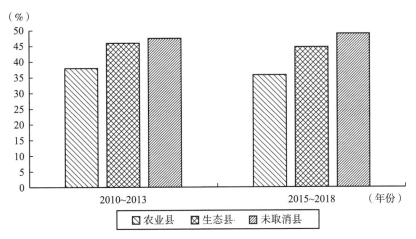

图 3 - 8　宁德市三类县历年第二产业占 GDP 比重

（三）第三产业占 GDP 比重

表 3 - 10 和图 3 - 9 是宁德市三类县历年第三产业占 GDP 比重在 2010 ~ 2018 年的相关数据。可以看出，2010 ~ 2013 年，农业县的第三产业占 GDP 比重的均值最高（34.70%），未取消县次之（34.66%），农业县最低（33.26%）；而在 2015 ~ 2018 年，农业县与生态县的第三产业占比都有一定程度的提高，分别为 39.49% 和 37.10%，而未取消县有所下降。其中，农业县和生态县该指标均值的涨幅分别达到 13.80% 和 11.55%，未取消县的降幅为 - 3.87%。可以看出，在政策实施之后，农业县和生态县第三产业占比上升较快 [通过查阅（宁德市政府工作报告，2015 ~ 2018 年）]，其原因主要有以下几方面。

（1）农业县为加快第三产业的提升，采取多个举措扩大内需：第一，为发展旅游业，加快"一湖一宫一草场"核心景区建设、采取"一月一现场会"形式，培育形成 12 个乡村旅游示范点，举办桃花节、杜鹃花节、芙蓉李节等活动，政府也相应出台促进旅游产业发展十条意见，创新"旅游产业领导小组 + 旅发委"模式，设立万元旅游专项资金；第二，促进电子商务的快速发展，组建了电商协会和跨境电商平台，新建农村淘宝县级服务中心和多个村级淘宝服务站，并启动运营民富商城、建设"双创"基地。

（2）生态县为第三产业的发展，主要采取了以下措施：第一，为大力发展旅游业，启动国家全域旅游示范区创建工作，动工建设鸳鸯湖旅游综合开发项目、鸳鸯草场景区综合开发项目、梦龙天池、三峰公园、银山花田、万亩樱花园、廊桥文旅小镇等景区项目，以及为宣传文化、促进景区人流量，举行了北路戏文化节、北垱黄酒民俗文化节、龙潭戏曲文化节、降龙传统民俗文化节、白玉文艺汇演、"周宁全域旅游暨高山云雾茶推介会"和中日友好省县旅游推介活动等系列旅游宣传活动；第二，为加快文创产业的发展，将谷风文化创意园投入运营，并且安泰艺术城、厦地、前洋、龙潭片区等文创基地带动效应明显；第三，促进其他产业的发展，如地方政府出台《屏南县关于扶持电子商务发展的若干意见》促进电子商务进农村示范县的发展、创建电商服务平台等。

表 3－10 　　　　　宁德市三类县历年第三产业占 GDP 比重 　　　　　单位：%

县类别	2010 年	2011 年	2012 年	2013 年	均值1	2014 年	2015 年	2016 年	2017 年	2018 年	均值2
农业县	33.75	35.63	35.02	34.38	34.70	34.40	35.88	38.79	40.88	42.40	39.49
生态县	33.83	33.76	33.04	32.42	33.26	32.44	33.54	34.36	38.97	41.54	37.10
未取消县	37.22	35.77	33.42	32.23	34.66	31.84	32.60	33.85	33.32	33.50	33.32

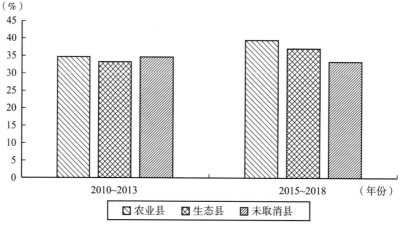

图 3－9　宁德市三类县历年第三产业占 GDP 比重

　　以上说明，相对于未取消县，取消 GDP 考核的农业县和生态县的第三产业发展更快。因此，农业县与生态县在取消 GDP 考核后，第三产业的发展水平较高，产业结构更加优化。

（四）小结

根据以上分析可以看出，无论是政策实施之前和之后，宁德市三类县的产业结构占比中，三类县的第一产业占比最小，第二产业占比较大，第三产业占比次之。其中，在政策实施之后，农业县和生态县的第一产业和第二产业占比下降，第三产业占比大幅上升；而未取消县的第一产业和第三产业占比小幅下降，第二产业有所上升，总体来说变化不大。以上说明，取消 GDP 考核这一政策能够促进产业结构优化，帮助地方政府对产业结构进行转型。

四、民生

本部分主要从以下角度分析政策实施的影响，即农村居民人均纯收入、医院及卫生院的床位数、社会福利性单位及其床位数的变化。

（一）农村居民人均纯收入

表 3 - 11 和图 3 - 10 是宁德市三类县历年农村居民人均纯收入的描述性统计，可以看出，三类县的农村居民纯收入在保持平稳增长，平均增长区间为一千元。其中，2010 ~ 2013 年，农业县、生态县、未取消县的农村居民人均纯收入的均值分别是 9.57 千元、7.57 千元、8.83 千元；2015 ~ 2018 年，上述三类县的该指标均值分别是 14.99 千元、12.74 千元、14.60 千元。通过政策实施之前和之后的指标对比可以看出，生态县的农村居民人均纯收入在政策实施之后仍低于其他两类县，但增幅最快，为 68.30%，农业县和未取消县的上升幅度则分别为 56.64%、65.35%。

表 3 - 11　　　　　宁德市三类县历年农村居民人均纯收入　　　　单位：千元

县类别	2010 年	2011 年	2012 年	2013 年	均值 1	2014 年	2015 年	2016 年	2017 年	2018 年	均值 2
农业县	7.63	9.01	10.18	11.47	9.57	12.10	13.11	14.21	15.54	17.11	14.99
生态县	5.96	7.10	8.08	9.14	7.57	10.22	11.14	12.14	13.22	14.46	12.74
未取消县	6.95	8.25	9.40	10.71	8.83	11.54	12.72	13.93	15.20	16.56	14.60

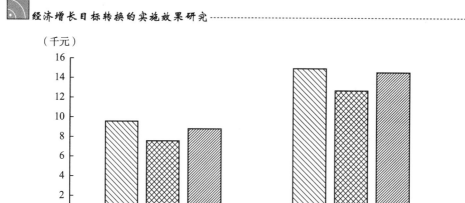

图 3-10　宁德市三类县历年农村居民人均纯收入

（二）医院及卫生院床位数

表 3-12 和图 3-11 是宁德市三类县历年医院及卫生院床位数在 2010～2018 年的相关数据。可以看出，2010～2013 年，生态县的医院及卫生院床位数的均值最高（28.33 张/万人），未取消县次之（25.92 张/万人），农业县最少（23.70 张/万人）；2015～2018 年，农业县的该指标均值有较大的提升，为32.92 张/万人，另外，生态县和未取消县的该指标均值分别为 31.89 张/万人和 31.60 张/万人。综上所述，与政策实施之前相比较，三类县的医院及卫生院床位数在政策实施之后，虽都有所增加，但农业县的改善最明显，由政策之前的第三位跃居到政策之后的第一位，涨幅最高，达到 38.90%，未取消县次之（21.91%），生态县最低（12.57%）。

表 3-12　　　　　宁德市三类县历年医院及卫生院床位数　　　　　单位：张/万人

县类别	2010 年	2011 年	2012 年	2013 年	均值 1	2014 年	2015 年	2016 年	2017 年	2018 年	均值 2
农业县	17.16	19.93	27.16	30.53	23.70	30.98	33.09	33.22	33.02	32.33	32.92
生态县	26.94	28.30	28.86	29.22	28.33	31.13	30.93	32.85	—	—	31.89
未取消县	22.34	26.52	25.75	29.07	25.92	31.07	30.70	33.22	—	30.87	31.60

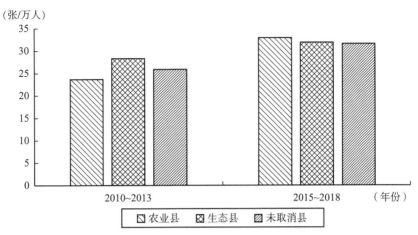

图 3－11 宁德市三类县历年医院及卫生院床位数

（三）社会福利收养性单位数

表 3－13 和图 3－12 是宁德市三类县历年社会福利收养性单位数在 2010～2018 年的相关数据。可以看出，2010～2013 年，农业县、生态县、未取消县的社会福利收养性单位数的均值分别为 0.29 个/万人、0.63 个/万人、0.38 个/万人；2015～2018 年，上述三类县的该指标的均值分别为 0.29 个/万人、1.21 个/万人、0.77 个/万人。可以看出，在政策实施之后，未取消县的每万人社会福利收养性单位数变化较大，上升了 102.63％，生态县次之，上升了 92.06％，而农业县的该指标没有明显变化。

表 3－13　　　　宁德市三类县历年社会福利收养性单位数　　　　单位：个/万人

县类别	2010 年	2011 年	2012 年	2013 年	均值 1	2014 年	2015 年	2016 年	2017 年	2018 年	均值 2
农业县	0.42	0.19	0.26	0.28	0.29	0.28	0.30	0.30	0.28	0.28	0.29
生态县	0.38	0.35	0.81	0.98	0.63	0.98	0.97	1.01	0.98	1.89	1.21
未取消县	0.31	0.28	0.37	0.57	0.38	0.79	0.79	0.78	0.74	0.76	0.77

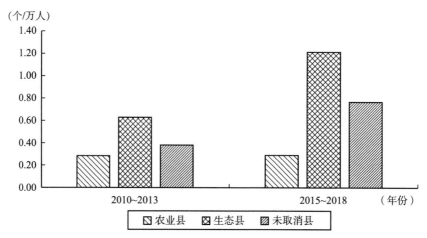

图 3 - 12　宁德市三类县历年社会福利收养性单位数

（四）社会福利收养性单位床位数

表 3 - 14 和图 3 - 13 是宁德市三类县历年社会福利收养性单位床位数在 2010 ~ 2018 年的相关数据。可以看出，2010 ~ 2013 年，在农业县、生态县、未取消县的社会福利收养性单位床位数的均值中，生态县最高（14.19 张/万人），未取消县次之（13.29 张/万人），农业县最低（10.86 张/万人）；2015 ~ 2018 年，上述三类县的该指标的均值都有所上升，分别为 23.46 张/万人、20.25 张/万人、11.91 张/万人。可以看出，在政策实施之后，生态县的涨幅最多，增幅为 65.33%，未取消县次之（52.37%）、农业县最低（9.67%）。

表 3 - 14　　　　宁德市三类县历年社会福利收养性单位床位数　　　　单位：张/万人

县类别	2010 年	2011 年	2012 年	2013 年	均值 1	2014 年	2015 年	2016 年	2017 年	2018 年	均值 2
农业县	3.14	12.61	15.28	12.42	10.86	12.42	13.35	12.19	11.17	10.93	11.91
生态县	8.69	9.35	18.82	19.91	14.19	20.05	19.62	29.27	17.78	27.18	23.46
未取消县	6.12	13.77	15.82	17.44	13.29	21.50	21.12	22.30	17.65	19.93	20.25

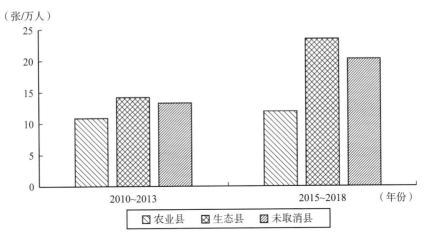

图 3-13　宁德市三类县历年社会福利收养性单位床位数

（五）小结

根据以上分析可以看出，宁德市三类县在政策实施之后，收入与卫生方面都有不同程度的增长，在收入方面的增幅都超过 50%，此外，生态县的社会福利收养性单位数和床位数的增长明显，而农业县的医院及卫生院床位数的变化相对较大。具体来看，三类县在改善民生问题上，主要采取以下几点举措：第一，通过增加就业机会、提高低保等补助标准以及降低工伤失业等保险缴费率、投入扶贫专项基金和发放信贷扶持和扶贫小额贴息贷款基金等举措来提高农村居民人均纯收入。第二，通过迁建县精神病院和县医院等医院与卫生院来直接增加医院床位数，并推广"海云工程"来实施支撑医改。此外，推进优化基层医药卫生体制综合改革、分级诊疗制度、乡村卫生一体化服务管理和家庭医生签约服务工作等举措来解决"看病难"的问题。第三，新建多家农村幸福院、社会福利中心康乐楼、养老服务站等具有社会福利收养性单位来改善社会保障。综上所述，取消 GDP 考核在一定程度上改善了民生问题，提高了农村居民纯收入，减少了"看病难"的问题（宁德市政府工作报告，2015～2018 年）。

五、本节小结

本节通过分析宁德市取消 GDP 考核前后的相关数据，对三类县不同时期的变化比较分析，基本了解了宁德市在政策实施前后的经济增长、经济结构、产业结构和民生问题的变化，从而得出以下结论。

1. 农业县。在政策实施之后，从经济增长方面来看，平均 GDP 和人均 GDP 指标都大幅上升，但平均 GDP 增长率和人均 GDP 增长率指标是大幅下降的；从经济结构方面来看，有一定程度的改善，具体来看，固定资产投资（不含农户）占 GDP 比重大幅上升，社会消费品零售总额占比也上涨，但幅度比固定资产投资占比变化小；从产业结构来看，明显优化，主要是因为第三产业大幅上升，而第一产业、第二产业都小幅下降；从民生方面来看，有一定程度的优化，具体来看，农村居民人均纯收入、医院及卫生院床位数指标均大幅上涨，社会福利收养性单位数基本持平，对应的床位数小幅上升。

2. 生态县。在政策实施之后，从经济增长方面来看，平均 GDP 和人均 GDP 指标大幅上升，但相应的增长率均大幅下降；从经济结构来看，有一定程度的改善，具体来看，固定资产投资（不含农户）占比、社会消费品零售总额占比均大幅上涨；从产业结构来看，有一定程度的优化，主要是因为第三产业大幅上升，第一产业大幅下降，第二产业小幅下降；从民生角度来看，明显改善，这主要得益于农村居民纯收入大幅上升，医院及卫生院床位数、社会福利收养性单位及其床位数指标均大幅上升。

综上所述，宁德市在实施取消 GDP 改革政策后，农业县和生态县在一定程度上因地制宜，利用自身优势来促进发展，但其主要依靠投资来拉动经济的情况没有改变，且第二产业占比依旧较高。

第三节　福　州　市

福州市下辖的 8 个县（市）中，2014 年以后，取消 GDP 考核的有 2 个县（市），属于农产品主产区的县（市）是闽清县（以下简称农业县），属于重点生态功能区的县（市）是永泰县（以下简称生态县），未取消 GDP 考核的有 6 个县（市），分别是福清市、连江县、罗源县、闽侯县、平潭县、长乐市（以下简称未取消县）。具体见表 3 - 15。

表 3 –15　　　　　　　　　福州市取消 GDP 考核县（市）情况

类别		县（市）名称
取消 GDP 考核	农产品主产区	闽清县
	重点生态功能区	永泰县
未取消 GDP 考核		福清市、连江县、罗源县、闽侯县、平潭县、长乐市

一、经济增长

本部分将通过历年 GDP、历年 GDP 增长率、历年人均 GDP 以及历年人均 GDP 增长率等指标，考察取消 GDP 考核这一政策的实施对经济增长产生的影响。

（一）地区生产总值

表 3 –16 和图 3 –14 是福州市三类县历年 GDP 的描述性统计。从该表中可以看出，未取消县的平均 GDP 普遍高于农业县和生态县，且三类县历年 GDP 整体上呈持续上升的趋势。分区间来看，2010～2013 年，农业县 GDP 的均值为 106.14 亿元，生态县 GDP 的均值为 97.08 亿元，未取消县 GDP 的均值为 317.98 亿元；2015～2018 年，农业县 GDP 的均值为 170.50 亿元，生态县 GDP 的均值为 156.44 亿元，未取消县 GDP 的均值为 497.19 亿元。从图中可以看出，与政策实施之前相比，政策实施之后，农业县、生态县、未取消县的平均 GDP 普遍有所上升，其中生态县增幅最大，为 61.15%，农业县的增幅超过未取消县，位居第二，幅度为 60.64%。

表 3 –16　　　　　　　　福州市三类县历年 GDP　　　　　　　　单位：亿元

县类别	2010 年	2011 年	2012 年	2013 年	均值 1	2014 年	2015 年	2016 年	2017 年	2018 年	均值 2
农业县	84.29	106.42	117.02	116.83	106.14	130.35	141.25	148.19	166.23	226.33	170.50
生态县	72.98	97.94	108.71	108.67	97.08	123.78	130.92	144.37	165.86	184.61	156.44
未取消县	233.53	321.73	358.46	358.2	317.98	390.63	419.46	459.51	529.11	580.68	497.19

资料来源：各类县历年数据根据附录福州市各县基本指标算数平均所得；均值 1 为 2010～2013 年各类县数据的平均值，均值 2 为 2015～2018 年各类县数据的平均值。下同。

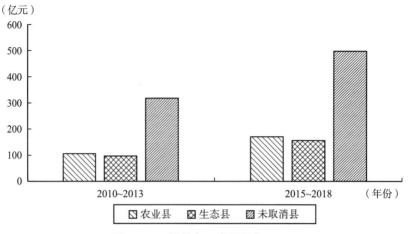

图 3 - 14　福州市三类县历年 GDP

注：2010～2013 年各类县柱形图根据表 3 - 16 中的均值 1 绘制，2015～2018 年各类县柱形图根据均值 2 绘制。下同。

（二）地区生产总值增长率

表 3 - 17 和图 3 - 15 是福州市三类县历年 GDP 增长率的描述性统计。从该表可以看出，2010～2013 年，农业县 GDP 增长率的均值为 12.58%，生态县 GDP 增长率的均值为 15.91%，未取消县 GDP 增长率的均值为 18.64%；2015～2018 年，农业县 GDP 增长率的均值为 15.40%，生态县 GDP 增长率的均值为 10.56%，未取消县 GDP 增长率的均值为 10.18%。可以看出，与政策实施之前相比，政策实施之后农业县的该指标有所上升，幅度为 22.42%，而生态县和未取消县的 GDP 增长率的均值有所下降，幅度分别为 -33.63%、-45.39%。

表 3 -17　　　　　　　　福州市三类县历年 GDP 增长率　　　　　　　　单位：%

县类别	2010 年	2011 年	2012 年	2013 年	均值 1	2014 年	2015 年	2016 年	2017 年	2018 年	均值 2
农业县	14.24	26.26	9.96	-0.16	12.58	11.57	8.36	4.92	12.17	36.15	15.40
生态县	18.47	34.20	11.00	-0.03	15.91	13.91	5.76	10.28	14.88	11.30	10.56
未取消县	21.56	41.14	11.91	-0.05	18.64	8.78	7.59	9.22	14.23	9.69	10.18

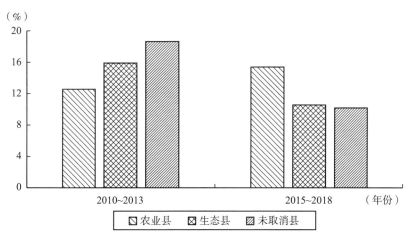

图 3－15　福州市三类县历年 GDP 增长率

（三）人均地区生产总值

表 3－18 和图 3－16 是福州市三类县历年人均 GDP 的描述性统计。结果表明，以 2014 年为分界线来看，2010 ~ 2013 年，农业县、生态县、未取消县人均 GDP 的均值分别为 3.36 万元、2.65 万元、4.82 万元；2015 ~ 2018 年，上述三类县人均 GDP 的均值分别为 5.27 万元、4.06 万元、7.14 万元。通过政策实施之前和之后的指标对比可以看出，与三类县的平均 GDP 类似，三类县在政策实施之后的人均 GDP 也普遍有所提高。农业县的增长幅度最高，生态县次之，未取消县最低。

表 3－18　　　　　　　　福州市三类县历年人均 GDP　　　　　　　　单位：万元

县类别	2010 年	2011 年	2012 年	2013 年	均值 1	2014 年	2015 年	2016 年	2017 年	2018 年	均值 2
农业县	2.72	3.39	3.66	3.65	3.36	4.07	4.41	4.58	5.12	6.96	5.27
生态县	2.03	2.70	2.94	2.94	2.65	3.26	3.36	3.76	4.33	4.79	4.06
未取消县	3.50	4.93	5.47	5.38	4.82	5.79	6.14	6.66	7.57	8.19	7.14

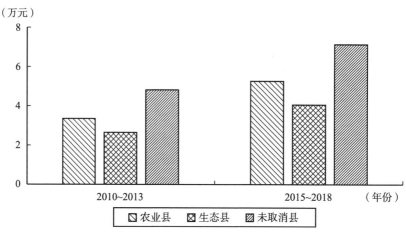

（万元）

2010~2013　　　　　　2015~2018　　（年份）

☐农业县　☒生态县　▨未取消县

图 3-16　福州市三类县历年人均 GDP

（四）人均地区生产总值增长率

表 3-19 和图 3-17 是福州市三类县历年人均 GDP 增长率的描述性统计。从图表可以看出，2010~2013 年，农业县人均 GDP 增长率的均值为 11.65%，生态县人均 GDP 增长率的均值为 15.14%，未取消县人均 GDP 增长率的均值为 17.57%；2015~2018 年，农业县人均 GDP 增长率的均值为 14.98%，生态县人均 GDP 增长率的均值为 10.19%，未取消县人均 GDP 增长率的均值为 9.11%。可以看出，与图 3-15 类似，政策实施之后，三类县的人均 GDP 增长率与平均 GDP 增长率的走势相同，农业县呈现增长态势，生态县和未取消县均为下降趋势。

表 3-19　　　　　　　　福州市三类县历年人均 GDP 增长率　　　　　　　单位：%

县类别	2010 年	2011 年	2012 年	2013 年	均值 1	2014 年	2015 年	2016 年	2017 年	2018 年	均值 2
农业县	14.29	24.63	7.96	-0.27	11.65	11.51	8.35	3.85	11.79	35.94	14.98
生态县	18.71	33.00	8.89	-0.03	15.14	10.88	3.07	11.90	15.16	10.62	10.19
未取消县	19.70	41.02	11.16	-1.61	17.57	7.55	6.40	8.40	13.20	8.43	9.11

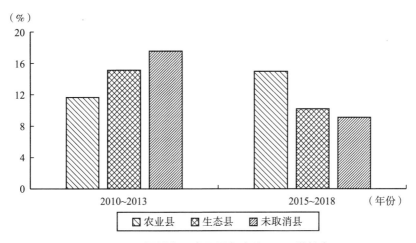

图 3 - 17　福州市三类县历年人均 GDP 增长率

（五）小结

综上所述，通过政策实施之前和之后的对比，从绝对值指标来看，三类县的平均 GDP 和人均 GDP 在政策实施之后均有所上升，其中，生态县的平均 GDP 增长幅度最高，农业县次之，未取消县的增长幅度最低；农业县的平均人均 GDP 增长幅度最高，生态县次之，未取消县的增长幅度最低。从增长率指标来看，农业县的两个指标在政策实施之后依然保持上涨态势，而生态县和未取消县则有不同程度的下滑。

二、经济结构

本部分分别计算了投资和消费占 GDP 的比重，考察取消 GDP 考核这一政策的实施对经济结构产生的影响，是否促进了县域经济结构优化。

（一）固定资产投资占 GDP 比重

表 3 - 20 和图 3 - 18 是福州市三类县历年固定资产投资（不含农户）占 GDP 比重的描述性统计。结果表明，2010 ~ 2013 年，农业县、生态县、未取消县固定资产投资（不含农户）占 GDP 比重的均值分别为 24.00%、30.31%、75.50%；2015 ~ 2018 年，上述三类县的均值分别为 47.11%、

60.26%、111.08%。通过政策实施之前和之后的指标对比可以看出，三类县固定资产投资（不含农户）占 GDP 比重在政策实施之后普遍有所提高，上涨幅度分别为96.29%、98.81%、47.13%。以上表明，农业县与生态县在政策实施之后，大幅提高了投资在 GDP 中的占比。从这两类县的政府工作报告（2015～2018 年）可以看出，农业县和生态县在政策实施之后，加大了固定资产投资力度，农业县进行了梅溪新城及其基础设施、梅溪億心源温泉休闲度假、梅溪青马文旅、东桥山地运动小镇、中国瓷天下旅游、雄江创客小镇等项目的投资；生态县投资了南城新区、南北江滨公园、闽江防洪工程（福州段）三期、绿道网建设、海洋极地世界、极乐汤、功夫小镇、乾景园林等项目。这也反映了受到取消 GDP 考核影响的农业县与生态县，利用其自身的各项优势，加大了对农业、生态、旅游等相关基础设施的投入，不仅提高了人们的生活水平，而且为未来的全面协调可持续发展打下了坚实的基础。

表 3 - 20　　　福州市三类县历年固定资产投资（不含农户）占 GDP 比重　　　单位：%

县类别	2010 年	2011 年	2012 年	2013 年	均值1	2014 年	2015 年	2016 年	2017 年	2018 年	均值2
农业县	14.91	20.63	26.18	34.28	24.00	37.90	43.90	52.37	55.33	36.85	47.11
生态县	18.36	24.10	29.72	49.04	30.31	5.74	61.09	61.72	67.30	50.92	60.26
未取消县	43.83	63.42	89.98	104.78	75.50	100.46	111.21	110.27	111.09	111.75	111.08

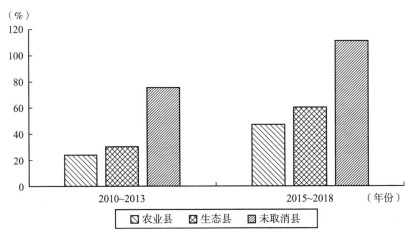

图 3 - 18　福州市三类县历年固定资产投资（不含农户）占 GDP 比重

（二）社会消费品零售总额占 GDP 比重

此处整理了福州市三类县历年社会消费品零售总额占 GDP 比重在 2010～2018 年的相关数据，具体见表 3 - 21 和图 3 - 19。可以看出，2010～2018 年，三类县社会消费品零售总额占 GDP 比重伴随着小幅度的上下波动，但基本保持在稳定区间。与政策实施之前相比，在政策实施之后，未取消县社会消费品零售总额占 GDP 的比重增幅最多，增幅为 30.63%；其次是生态县，增幅为 16.31%；增幅最小的是农业县，幅度为 8.10%。可以看出，在政策实施之后，三类县的消费占比都提升了，经济结构有所改善，但农业县和生态县该指标的增幅小于未取消县，发展速度和未取消县存在一定的差距。

表 3 - 21　　　　福州市三类县历年社会消费品零售总额占 GDP 比重　　单位：%

县类别	2010 年	2011 年	2012 年	2013 年	均值 1	2014 年	2015 年	2016 年	2017 年	2018 年	均值 2
农业县	26.74	25.00	26.44	30.47	27.16	31.58	30.96	30.91	30.82	24.76	29.36
生态县	31.27	28.40	30.36	35.27	31.33	35.76	36.99	36.41	36.27	36.10	36.44
未取消县	28.00	23.92	25.46	30.11	26.87	32.28	34.25	34.89	35.34	35.93	35.10

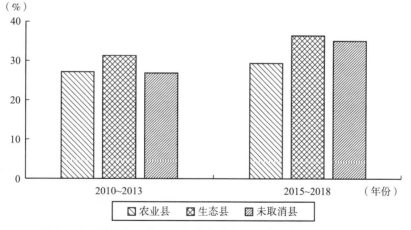

图 3 - 19　福州市三类县历年社会消费品零售总额占 GDP 比重

（三）小结

根据以上分析可知，福州市三类县的经济增长仍主要靠固定资产投资

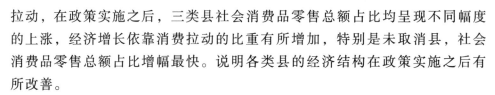

拉动,在政策实施之后,三类县社会消费品零售总额占比均呈现不同幅度的上涨,经济增长依靠消费拉动的比重有所增加,特别是未取消县,社会消费品零售总额占比增幅最快。说明各类县的经济结构在政策实施之后有所改善。

三、产 业 结 构

本部分将通过对第一产业、第二产业、第三产业分别占 GDP 比重的分析,考察取消 GDP 考核这一政策对于产业结构的影响,即是否能促进地方产业的转型升级。

(一) 第一产业占 GDP 比重

表 3 - 22 和图 3 - 20 是福州市三类县历年第一产业占 GDP 比重的描述性统计。结果表明,2010 ~ 2013 年,农业县、生态县、未取消县该指标的均值分别为 17.91%、32.12%、17.63%;2015 ~ 2018 年,上述三类县的均值分别为 16.70%、27.46%、14.88%。通过政策实施之前和之后的指标对比可以看出,三类县在政策实施之后的第一产业占比普遍有所下降,其中以未取消县的降幅最大,幅度为 - 15.60%。具体来看,在政策实施之后,归属于未取消县的各县市,均大力发展现代农业,建设高标准农田,举办一系列农业活动,并且获得了现代农业补助资金,其中,连江县、罗源县、长乐市除了加快发展农业以外,还注重渔业的发展,不仅建立了渔业产业园,还有多家远洋渔业公司落户于此;农业县的农林牧渔业总产值总的来说是呈现上升的趋势,除此之外,传统农业正在加速向特色现代农业转变,县级以上农业产业化龙头企业达到 75家,且新型农业经营主体还在不断壮大;生态县稳定粮食生产面积,促进粮食生产品种多样化,并且建设了高标准农田,使综合效益稳步提高,此外,在2018 年出台了加快现代特色农业发展的十条措施,并且举办了农民丰收节、农产品擂台赛等活动,促进了第一产业的发展(福州市政府工作报告,2015 ~2018 年)。总体来说,这三类县的第一产业都有所优化,但是跟未取消县相比,农业县和生态县还存在一定差距。

表 3 - 22　　　　　　　　福州市三类县历年第一产业占 GDP 比重　　　　　　单位：%

县类别	2010 年	2011 年	2012 年	2013 年	均值 1	2014 年	2015 年	2016 年	2017 年	2018 年	均值 2
农业县	18.63	18.22	17.94	16.86	17.91	17.09	17.53	17.96	17.00	14.31	16.70
生态县	33.75	31.93	32.23	30.58	32.12	31.02	29.27	28.63	26.78	25.17	27.46
未取消县	19.43	17.35	17.17	16.57	17.63	15.95	15.81	15.95	14.02	13.73	14.88

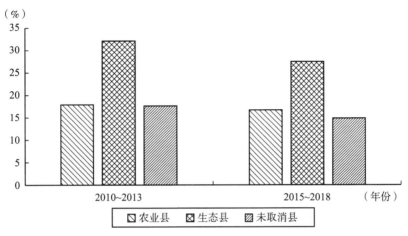

图 3 - 20　福州市三类县历年第一产业占 GDP 比重

（二）第二产业占 GDP 比重

表 3 - 23 和图 3 - 21 是福州市三类县历年第二产业占 GDP 比重的统计情况。可以看出，在政策实施前后，生态县和未取消县该指标的均值变化较小，相对较为稳定。此外，2010 ~ 2013 年，农业县该指标的均值为 55.83%；在 2015 ~ 2018 年，农业县该指标均值为 50.24%。可以看出，在政策实施之后，农业县该指标存在一定幅度的下降，具体为 - 10.01%，这主要是因为新旧动能转换尚未实现，传统产业、陶瓷业转型升级任务重、压力大，以及部分工业企业面临减产、停产的状况。

表 3 - 23　　　　　　　　福州市三类县历年第二产业占 GDP 比重　　　　　　单位：%

县类别	2010 年	2011 年	2012 年	2013 年	均值 1	2014 年	2015 年	2016 年	2017 年	2018 年	均值 2
农业县	56.87	55.08	55.62	55.74	55.83	54.92	53.60	50.94	45.53	50.88	50.24
生态县	36.45	35.58	35.87	36.08	36.00	36.23	36.58	34.41	39.80	39.92	37.68
未取消县	48.65	50.80	51.34	51.68	50.62	51.12	49.69	46.79	50.84	49.73	49.26

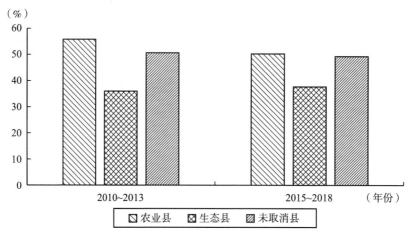

图 3-21　福州市三类县历年第二产业占 GDP 比重

（三）第三产业占 GDP 比重

表 3-24 和图 3-22 是福州市三类县历年第三产业占 GDP 比重的描述性统计。结果表明，2010~2013 年，农业县、生态县、未取消县该指标的均值分别为 26.26%、31.88%、31.75%；2015~2018 年，上述三类县的均值分别为 33.06%、34.86%、35.86%。通过政策实施之前和之后的指标对比可以看出，三类县在政策实施之后，普遍略有上升。其中，农业县的上升幅度最大，表明 2015~2018 年，农业县的第三产业发展水平相对较好，产业结构更加优化。具体来看，2015 年，农业县的第三产业加速成长，商贸流通、特色旅游、现代物流、电子商务、金融服务、文化创意等第三产业业态持续提升；2016 年，农业县的第三产业业态依旧继续提升，其中电子商务发展尤为迅速，属于农业县的闽清县因此成为省级电子商务进农村示范县和福州市阿里巴巴"村淘"第一县；2017~2018 年，农业县的第三产业加快提升，"强旅游"战略也陆续取得新的突破（福州市政府工作报告，2015~2018 年）。

表 3-24　　　　福州市三类县历年第三产业占 GDP 比重　　　　单位：%

县类别	2010 年	2011 年	2012 年	2013 年	均值 1	2014 年	2015 年	2016 年	2017 年	2018 年	均值 2
农业县	24.50	26.70	26.43	27.40	26.26	27.99	28.87	31.10	37.47	34.80	33.06
生态县	29.80	32.49	31.90	33.34	31.88	32.75	34.15	36.97	33.42	34.91	34.86
未取消县	31.92	31.85	31.48	31.75	31.75	32.92	34.51	37.25	35.15	36.54	35.86

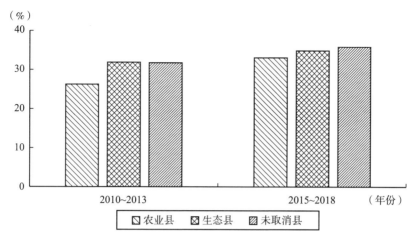

图 3 - 22　福州市三类县历年第三产业占 GDP 比重

（四）小结

总体来看，三类县第一产业占 GDP 比重最小，第二产业占比较大，第三产业占比次之。在政策实施之后，除了生态县第二产业的占比小幅上升之外，三类县的变化趋于一致，即第一产业和第二产业占比下降，第三产业占比提升。表明福州市的经济增长仍以第二产业为主，第三产业对经济增长的贡献有所增强，产业结构在政策实施之后有所改善。

四、民生

本部分通过农村居民人均纯收入、医院及卫生院床位数、社会福利收养性单位数、社会福利收养性单位床位数的分析，考察取消 GDP 考核这一政策对民生的影响。

（一）农村居民人均纯收入

表 3 - 25 列示了福州市三类县历年农村居民人均纯收入在 2010 ~ 2018 年的相关数据。结合图 3 - 23 可以看出，福州市三类县历年农村居民人均纯收入呈现逐年上升的趋势，以 2014 年为分界线，2010 ~ 2013 年，未取消县农村居民人均纯收入的均值最高（10.38 千元），农业县次之（8.67 千元），生态县最低（7.83 千元）；而在 2015 ~ 2018 年，三类县该指标有了一定的提升，分

别为 16.61 千元、12.95 千元、12.60 千元，其中，生态县的上升幅度最大，幅度为 60.92%。

表 3-25　　　　　　　　福州市三类县历年农村居民人均纯收入　　　　单位：千元

县类别	2010 年	2011 年	2012 年	2013 年	均值 1	2014 年	2015 年	2016 年	2017 年	2018 年	均值 2
农业县	6.95	8.16	9.26	10.32	8.67	10.58	11.45	12.17	13.48	14.71	12.95
生态县	6.20	7.34	8.36	9.43	7.83	10.22	11.07	11.79	13.21	14.32	12.60
未取消县	8.24	9.74	11.10	12.43	10.38	13.53	14.70	15.85	17.19	18.72	16.61

（千元）

图 3-23　福州市三类县历年农村居民人均纯收入

（二）医院及卫生院床位数

表 3-26 和图 3-24 是福州市三类县历年医院及卫生院床位数的描述性统计。结果表明，2010~2013 年，农业县、生态县、未取消县该指标的均值分别为 39.16 张/万人、22.15 张/万人、19.18 张/万人；2015~2016 年，上述三类县的均值分别为 46.89 张/万人、28.64 张/万人、25.62 张/万人。通过政策实施之前和之后的指标对比可以看出，三类县医院及卫生院床位数的均值在政策实施之后，普遍有所提高。其中，未取消县该指标的上升幅度最快，幅度为 33.58%，但绝对值仍低于农业县和生态县。

表 3 – 26 福州市三类县历年医院、卫生院床位数 单位：张/万人

县类别	2010 年	2011 年	2012 年	2013 年	均值 1	2014 年	2015 年	2016 年	均值 2
农业县	31.35	30.96	47.16	47.16	39.16	47.16	47.16	46.63	46.89
生态县	19.03	19.04	22.57	27.97	22.15	29.08	28.33	28.95	28.64
未取消县	17.08	17.21	21.07	21.35	19.18	23.05	24.47	26.77	25.62

注：福州市 2017～2018 年该指标数据缺失，下同。

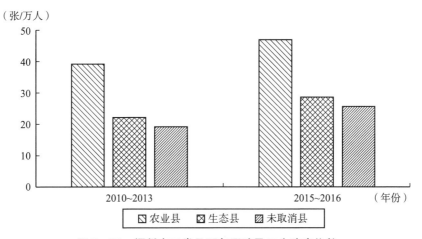

图 3 – 24 福州市三类县历年医院及卫生院床位数

（三）社会福利收养性单位数

表 3 – 27 列示了福州市三类县历年社会福利收养性单位数在 2010～2016 年的相关数据。结合图 3 – 25 可以看出，2010～2013 年，农业县社会福利收养性单位数的均值最高（0.411 张/万人），未取消县次之（0.182 张/万人），生态县最低（0.027 张/万人）；而在 2015～2016 年，生态县社会福利收养性单位数的均值有了显著的提升，幅度为 1148.15%；未取消县次之，幅度为19.78%；农业县则基本持平。

表 3 – 27 福州市三类县历年社会福利收养性单位数 单位：个/万人

县类别	2010 年	2011 年	2012 年	2013 年	均值 1	2014 年	2015 年	2016 年	均值 2
农业县	0.355	0.414	0.406	0.469	0.411	0.500	0.375	0.340	0.357
生态县	0.028	0.028	0.027	0.027	0.027	0.132	0.256	0.417	0.337
未取消县	0.175	0.184	0.186	0.184	0.182	0.204	0.200	0.237	0.218

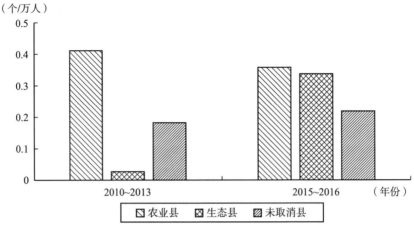

图 3 - 25　福州市三类县历年社会福利收养性单位数

（四）社会福利收养性单位床位数

此处整理了福州市三类县历年社会福利收养性单位床位数在 2010 ~ 2016 年的相关数据，具体见表 3 - 28 和图 3 - 26。可以看出，与政策实施之前相比，在政策实施之后，生态县社会福利收养性单位床位数的均值增幅最多，增幅为 545.59%，农业县和未取消县也有不同程度的增幅，分别为 37.61%、129.20%。

表 3 - 28　　　　　福州市三类县历年社会福利收养性单位床位数　　　　单位：张/万人

县类别	2010 年	2011 年	2012 年	2013 年	均值1	2014 年	2015 年	2016 年	均值2
农业县	8.71	9.14	11.47	12.81	10.53	16.63	16.00	12.98	14.49
生态县	0.69	0.69	0.68	0.68	0.68	2.05	3.38	5.40	4.39
未取消县	4.17	5.29	6.10	8.00	5.89	10.63	12.43	14.57	13.50

（五）小结

综上所述，在政策实施之后，三类县的各个民生指标均有所改善，特别是生态县，其农村居民人均纯收入、社会福利收养性单位数、社会福利收养性单位床位数均有较大幅度提高。

（张/万人）

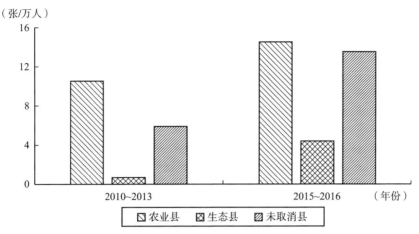

图 3-26　福州市三类县历年社会福利收养性单位床位数

五、本节小结

本节以福州市各县（市）作为研究对象，重点分析了取消 GDP 考核对于经济增长、经济结构、产业结构、民生的影响，最后得出如下结论。

1. 农业县。在政策实施之后，从经济增长方面来看，地区生产总值、人均地区生产总值、地区生产总值增长率、人均地区生产总值增长率这四个指标均大幅上升；从经济结构来看，有一定程度的改善，这主要是因为固定资产投资（不含农户）占 GDP 比重的大幅上升以及社会消费品零售总额占 GDP 比重的小幅上升；从产业结构来看，也有了一定程度的优化，这主要得益于第一产业占比、第二产业占比的小幅度下降以及第三产业占比的大幅度上升；从民生来看，民生指标均在一定程度上有所改善，具体来看，虽然社会福利收养性单位数呈现小幅度的下降趋势，但农村居民人均纯收入、医院及卫生院床位数、社会福利收养性单位床位数均大幅上升。

2. 生态县。在政策实施之后，从经济增长方面来看，地区生产总值增长率、人均地区生产总值增长率均大幅下降，但是其地区生产总值、人均地区生产总值这两个指标大幅上升；从经济结构来看，有一定程度的改善，这主要是得益于固定资产投资（不含农户）占 GDP 比重和社会消费品零售总额占 GDP 比重的大幅上升；从产业结构来看，也有一定程度的优化，这主要是因为第一产业占比大幅下降，而第二产业占比和第三产业占比小幅上升；从民生来看，民生指标均在一定程度上有所改善，具体来看是因为农村居民人均纯收入、医院及卫生院床位数、社会福利收养性单位数、社会福利收养性单位床位数这四个指标均大幅度上升。

综上所述,福州市农业县和生态县的发展还存在以下不足:经济增长仍然主要依靠固定资产来拉动,第二产业在 GDP 中依旧处于主导地位,第三产业仍相对薄弱。

第四节 三 明 市

三明市下辖 10 个县(市),2014 年后,取消 GDP 考核的共有 8 个县,其中属农产品主产区的是:宁化县、尤溪县、将乐县、明溪县、建宁县、清流县(以下简称农业县),属重点生态功能区的是泰宁县和大田县(以下简称生态县),未取消 GDP 考核的县(市)为沙县和永安市(以下简称未取消)。具体如表 3 - 29 所示。

表 3 - 29　　　　　　　　三明市取消 GDP 考核县(市)情况

类别		县(市)名称
取消 GDP 考核	农产品主产区	宁化县、尤溪县、将乐县、明溪县、建宁县、清流县
	重点生态功能区	泰宁县、大田县
未取消 GDP 考核		沙县、永安市

一、经济增长

本部分主要从三明市三类县历年 GDP、历年 GDP 增长率、历年人均 GDP 和历年人均 GDP 增长率四个指标考察政策实施对于经济增长的影响。

(一)地区生产总值

表 3 - 30 和图 3 - 27 是三明市三类县历年 GDP 的描述性统计。整体来看,三类县历年 GDP 整体呈持续上升趋势,且有较大提升,2018 年三类县该指标比 2010 年均实现了翻番增长。分区间来看,2010 ~ 2013 年,未取消县 GDP 均值最高,为 193.37 亿元;生态县 GDP 均值次之,为 91.14 亿元;农业县 GDP

均值最低，为 76.43 亿元。2015~2018 年，未取消县 GDP 均值仍保持第一，高达 292.42 亿元，农业县和生态县 GDP 均值也有所增长，分别为 119.71 亿元和 141.71 亿元。可以看出，与政策实施之前相比，政策实施之后，三明市三类县中未取消县经济增长较快且持续保持高位，据相关资料表明，其规模以上工业等部分产业较为发达，为其带来了较大的 GDP 贡献率，相对来说农业县和生态县的经济增长呈现出稳中有进的发展态势，可见在政策实施后其主要产业延续了稳定增长的良好势头。

表 3－30　　　　　　　　　三明市三类县历年 GDP　　　　　　　　单位：亿元

县类别	2010 年	2011 年	2012 年	2013 年	均值 1	2014 年	2015 年	2016 年	2017 年	2018 年	均值 2
农业县	54.90	77.18	86.84	86.81	76.43	96.74	103.02	112.37	124.01	139.44	119.71
生态县	65.57	93.64	102.70	102.63	91.14	112.81	120.10	132.40	148.41	165.93	141.71
未取消县	143.55	196.12	216.99	216.83	193.37	238.60	252.87	271.57	304.26	340.99	292.42

　　资料来源：各类县历年数据根据附录三明市各县基本指标算数平均所得；均值 1 为 2010~2013 年各类县数据的平均值，均值 2 为 2015~2018 年各类县数据的平均值。下同。

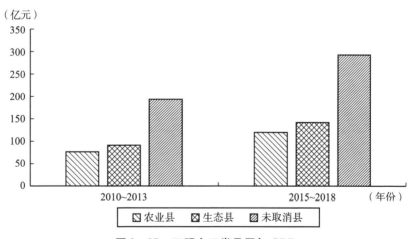

图 3－27　三明市三类县历年 GDP

　　注：2010~2013 年各类县柱形图根据表 3－30 中的均值 1 绘制，2015~2018 年各类县柱形图根据均值 2 绘制。下同。

（二）地区生产总值增长率

　　表 3－31 和图 3－28 是三明市三类县历年 GDP 增长率的描述性统计。通过

整体分析可以看出，三明市三类县历年 GDP 增长率起伏变化较大，表现突出的有以下两点：一是 2011 年三类县平均 GDP 增长率均达到最高值，原因系 2011 年是"十二五"开局之年，三明市致力加快发展、加快转变，实现高位开局、高点突破，各方面紧盯 GDP 增长；二是 2013 年三类县平均 GDP 增长率均为负值，表明各县市 2013 年 GDP 增长额少于 2012 年，根据政府工作报告可知，受内外需求不足等因素影响，2013 年主要经济指标增速有所放缓。

表 3 - 31　　　　　　　　三明市三类县历年 GDP 增长率　　　　　　　单位：%

县类别	2010 年	2011 年	2012 年	2013 年	均值 1	2014 年	2015 年	2016 年	2017 年	2018 年	均值 2
农业县	21.08	40.88	12.32	-0.03	18.56	11.27	6.53	9.15	11.31	12.44	9.86
生态县	22.40	42.38	9.62	-0.07	18.58	9.90	6.80	9.90	10.29	11.68	9.67
未取消县	21.75	37.31	10.99	-0.07	17.50	10.02	6.03	7.46	11.79	11.96	9.31

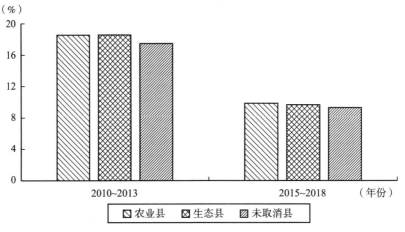

图 3 - 28　三明市三类县历年 GDP 增长率

以 2014 年为分界线来看，2010～2013 年，农业县、生态县、未取消县 GDP 增长率均值分别为 18.56%、18.58%、17.50%；2015～2018 年，上述三类县的均值分别为 9.86%、9.67%、9.31%。通过政策实施前后指标对比可以看出，政策实施之后三类县平均 GDP 增长率呈大幅下降的趋势，平均幅度为 -47.22%。

（三）人均地区生产总值

表 3 - 32 列示了三明市三类县历年人均 GDP 在 2010～2018 年的相关数据。结合图 3 - 29 可以看出，2010～2013 年，未取消县人均 GDP 的均值最高，为 6.48 万元；农业县次之，为 3.57 万元；生态县最低，为 3.24 万元。而在 2015～2018 年，人均 GDP 整体呈现持续上升趋势。对比两个时段的指标均值来看，在政策实施之后，农业县人均 GDP 增幅最大，达到 51.26%，表明其人均 GDP 增长较 2014 年之前增长加快，而就 2014 年前后来看，未取消县人均 GDP 的均值始终为生态县人均 GDP 的两倍左右，生态县人均 GDP 在政策实施后变化不大，基本保持稳定增长态势。

表 3 - 32			三明市三类县历年人均 GDP						单位：万元	
县类别	2010 年	2011 年	2012 年	2013 年	均值 1	2014 年	2015 年	2016 年	2017 年	2018 年	均值 2
农业县	2.58	3.66	4.04	3.98	3.57	4.34	4.57	5.06	5.64	6.33	5.40
生态县	2.32	3.34	3.66	3.65	3.24	3.81	3.93	4.26	4.93	5.45	4.64
未取消县	4.78	6.64	7.24	7.24	6.48	7.84	8.31	8.91	9.96	11.13	9.58

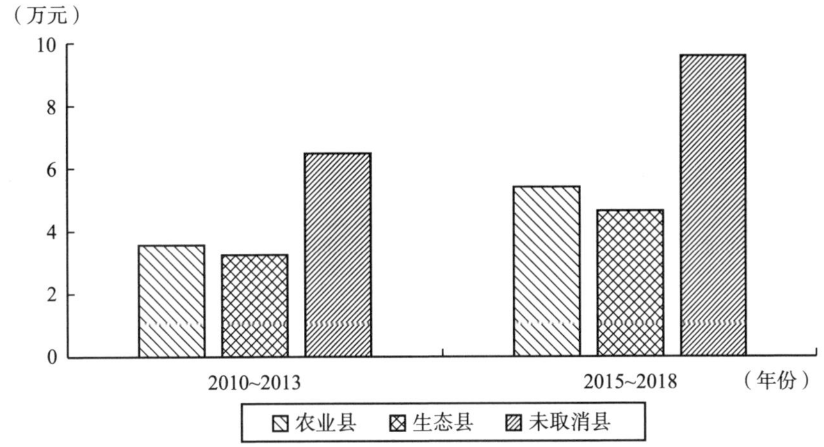

图 3 - 29　三明市三类县历年人均 GDP

（四）人均地区生产总值增长率

表 3 - 33 和图 3 - 30 是三明市三类县历年人均 GDP 增长率的描述性统计。

2010~2013 年，农业县、生态县、未取消县历年人均 GDP 增长率均值分别为17.85%、18.56%、16.56%；2015~2018 年，上述三类县该指标的均值分别为 9.86%、8.93%、9.14%。可以看出，在政策实施之后，三类县历年人均GDP 增长率明显下降，三类县人均 GDP 增长率变化趋势相似且数值相近，可见虽然各类县人均 GDP 数值存在较大差距，但是在 GDP 增长速度上基本上是同步变化的。

表 3 – 33　　　　　　　　三明市三类县历年人均 GDP 增长率　　　　　　　单位：%

县类别	2010 年	2011 年	2012 年	2013 年	均值 1	2014 年	2015 年	2016 年	2017 年	2018 年	均值 2
农业县	21.07	41.43	10.42	-1.53	17.85	9.20	5.61	10.53	11.18	12.12	9.86
生态县	22.40	42.03	9.89	-0.07	18.56	3.15	5.48	9.51	10.12	10.61	8.93
未取消县	17.56	39.50	9.24	-0.07	16.56	7.98	6.03	7.28	11.66	11.58	9.14

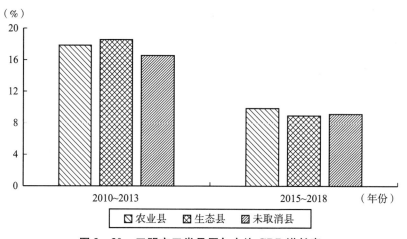

图 3 – 30　三明市三类县历年人均 GDP 增长率

（五）小结

综上所述，自 2014 年取消部分县（市）GDP 考核后，各县（市）经济发展方式得到转变，县域经济发展质量和效率都得到提升，农业县和生态县 GDP总量和人均 GDP 总量增长迅猛，但 GDP 增长率和人均 GDP 增长率较政策实施之前放缓。值得注意的是，在政策实施之后，农业县的人均 GDP 和人均 GDP增长率均反超生态县，发展态势良好。

二、经济结构

本部分主要从三明市三类县历年固定资产投资（不含农户）占 GDP 比重和社会消费品零售总额占 GDP 比重两个指标考察政策实施对于产业结构的影响。

（一）固定资产投资占 GDP 比重

表 3-34 列示了三明市三类县固定资产投资（不含农户）占 GDP 的比重在 2010~2018 年的相关数据。整体固定资产投资（不含农户）占比自 2011 年起呈现出持续较快增长趋势，而后期固定资产投资（不含农户）占比增速有所放缓。结合图 3-31 可以看出，2010~2013 年，农业县、生态县、未取消县历年固定资产投资（不含农户）占比的均值分别为 68.84%、79.20%、62.28%；2015~2018 年，上述三类县该指标的均值分别为 127.60%、135.18%、98.88%。其中，农业县和生态县固定资产投资（不含农户）占比均值较大，且农业县该指标增幅最大，达到 85.36%。通过查阅政府工作报告可知，农业县和生态县在 2015~2018 年不断加强招商引资力度，在此期间，农业县（将乐县和明溪县）进行了"四绿"工程、宜居环境建设、重点水利、重大交通基础设施建设等一系列项目的投资；生态县加大了对文创基地、污水处理系统等的投资。而自 2017 年起，三明市为强化项目建设监管，开展"五比五晒"项目竞赛活动，其中对农业县和生态县侧重考评其绿色发展质量（三明市政府工作报告，2015~2018 年）。由此表明，实施政策之后农业县和生态县主要着重地区特色发展，投资对各县经济增长的拉动作用得以充分体现，项目建设的有效投入拉动了相应县市固定资产投资的持续增长。

表 3-34　三明市三类县历年固定资产投资（不含农户）占 GDP 的比重　　　单位：%

县类别	2010 年	2011 年	2012 年	2013 年	均值 1	2014 年	2015 年	2016 年	2017 年	2018 年	均值 2
农业县	51.54	51.09	74.85	97.88	68.84	105.17	118.66	124.63	130.85	136.26	127.60
生态县	77.11	58.03	79.50	102.18	79.20	111.71	125.54	134.65	142.93	137.60	135.18
未取消县	53.40	51.78	65.00	78.95	62.28	84.79	95.18	97.81	100.48	102.04	98.88

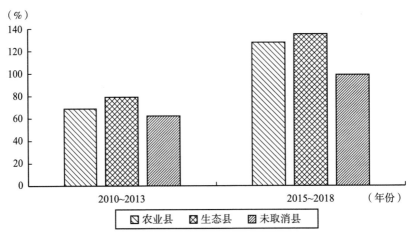

图3-31　三明市三类县历年固定资产投资（不含农户）占 GDP 的比重

（二）社会消费品零售总额占 GDP 比重

表3-35和图3-32是三明市三类县历年社会消费品零售总额占 GDP 比重的描述性统计。结果显示，2010～2018 年，三类县社会消费品零售总额占 GDP 比重伴随小幅度的上下波动，但基本保持在稳定区间，以 2014 年为分界线，未取消县在 2014 年之后社会消费品零售总额占 GDP 比重的均值虽有所增加，但在三类县中由政策实施前的第一名下降至政策实施后的第二名，零售市场增幅回落，但基本保持在 25% 左右，而农业县和生态县则增长相对较大且自 2014 年起开始趋于平稳，呈现总体平稳、稳中有进的发展态势，表明在政策实施后，农业县和生态县历年社会消费品零售总额对 GDP 贡献有所增长。这也反映了在取消 GDP 考核改革后，上述两类县的经济结构存在一定程度的改善。

表3-35　　　　三类县历年社会消费品零售总额占 GDP 的比重　　　　单位：%

县类别	2010 年	2011 年	2012 年	2013 年	均值1	2014 年	2015 年	2016 年	2017 年	2018 年	均值2
农业县	22.29	18.96	20.06	23.23	21.13	23.48	24.12	24.09	24.21	23.97	24.10
生态县	23.27	19.88	21.75	25.00	22.48	24.57	25.92	26.08	25.98	24.54	25.63
未取消县	25.06	21.77	22.75	25.74	23.83	24.24	25.18	25.05	24.58	24.33	24.79

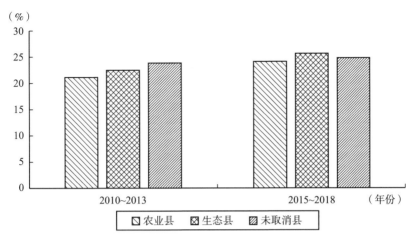

图 3 – 32 三类县历年社会消费品零售总额占 GDP 的比重

（三）小结

根据以上分析可知，政策实施后，三明市三类县的经济增长仍主要靠固定资产投资拉动，在政策实施之后，三类县社会消费品零售总额占 GDP 比重均呈现不同幅度的上涨，经济增长依靠消费拉动的比重有所增加，其中，农业县和生态县表现显著，社会消费品零售总额占比增长较快，增长幅度均达到 14%以上。由此可以看出，取消 GDP 考核改革切实推动了县域经济的调整和优化，进一步发挥利用了投资和消费对经济增长的拉动作用。

三、产业结构

本部分依次通过三明市三类县第一产业、第二产业和第三产业占 GDP 比重三大指标考察政策实施对于产业结构的影响。

（一）第一产业占 GDP 比重

表 3 – 36 列示了三明市三类县第一产业占 GDP 的比重在 2010～2018 年的相关数据。结合图 3 – 33 分析，2010～2013 年，农业县、生态县、未取消县第一产业占 GDP 比重的均值分别为 24.57%、19.62%、12.66%；2015～2018 年，上述三类县的均值分别为 19.30%、16.50%、10.17%。结果表明，三类县第一产业占 GDP 比重均呈现持续下降趋势，其中，农业县第一产业占比仍然最

大，生态县次之，未取消县始终保持占比最低，表明未取消县 GDP 增长对农业的依赖性较低。与未取消县相比，农业县和生态县还存在差距，但农业县第一产业占比在政策实施之后降幅最大，生态县也有 15.9% 的降幅。

表3-36　　　　　　　三明市三类县历年第一产业占 GDP 比重　　　　　　　单位：%

县类别	2010 年	2011 年	2012 年	2013 年	均值1	2014 年	2015 年	2016 年	2017 年	2018 年	均值2
农业县	27.31	24.48	23.91	22.58	24.57	21.96	20.80	20.52	18.32	17.54	19.30
生态县	21.94	19.47	18.99	18.08	19.62	17.74	17.58	17.74	15.47	15.22	16.50
未取消县	13.95	12.60	12.37	11.70	12.66	11.45	11.18	11.03	9.20	9.25	10.17

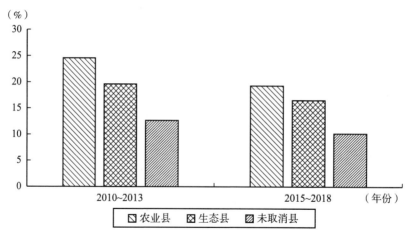

图3-33　三明市三类县历年第一产业占 GDP 比重

具体来看，农业县（明溪县、宁化县和清流县）在 2015~2018 年主要实施品牌兴农战略，大力推进精品农业的发展，持续增加农民专业合作社数量，其中主要项目包括：壮大生态硒锌、现代渔业规模，建立富硒农产品产业园、开展多级化粮食仓储智能化项目、建设无公害生态茶园等，不断推动农业发展向标准化和规模化前进。而生态县（大田县）在 2015~2018 年则主要通过工业化的理念推进农业供给侧结构性改革，其中，建成霓上精制高山茶、大田肉兔产业化等重要项目，同时通过发展特色农业促进第一产业的组织再造（三明市政府工作报告，2015~2018 年）。可以看出，两类县自政策实施后，第一产业正由传统农业不断向现代农业转型。

（二）第二产业占 GDP 比重

表 3 - 37 和图 3 - 34 是三明市三类县历年第二产业占 GDP 比重的描述性统计。结合图表可以看出，各类县第二产业占 GDP 比重在 2010 ～ 2014 年缓慢上升，在 2014 ～ 2016 年出现下降趋势，而后逐渐上升最后趋于平稳。此外，未取消县第二产业占 GDP 比重远高于农业县和生态县。

表 3 - 37　　　　　　　　三明市三类县历年第二产业占 GDP 比重　　　　　单位：%

县类别	2010 年	2011 年	2012 年	2013 年	均值 1	2014 年	2015 年	2016 年	2017 年	2018 年	均值 2
农业县	42.36	43.54	45.01	46.38	44.32	46.57	45.67	43.87	47.83	48.20	46.39
生态县	44.17	45.38	47.47	48.09	46.28	47.88	46.00	44.14	47.88	47.90	46.48
未取消县	53.48	52.43	53.66	54.82	53.60	55.20	54.31	52.78	57.01	57.41	55.38

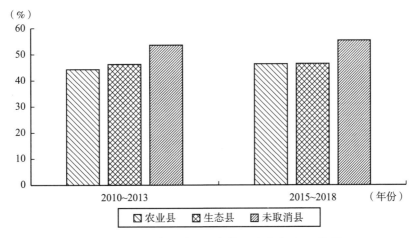

图 3 - 34　三明市三类县历年第二产业占 GDP 比重

可以看出，2010 ～ 2013 年，未取消县第二产业占比的均值最高（53.60%），生态县次之（46.28%），农业县最低（44.32%）；而在 2015 ～ 2018 年，农业县和未取消县该指标的均值有了小幅提升，生态县的该指标在政策实施前后基本趋于一致。政策实施之后，农业县增幅最大是因为其致力于强化实体经济，以科技创新为引导推动传统产业的改造升级，与此同时，不断延伸产业链，打造附加值，形成了"多点支撑"的产业格局，其中重点实施项目包括集美

（清流）山海协作共建产业园、轻合金产业项目落地（将乐）等（三明市政府工作报告，2015~2018 年）。

（三）第三产业占 GDP 比重

表 3-38 和图 3-35 列示了三明市三类县历年第三产业占 GDP 比重在 2010~2018 年的相关数据。2010~2013 年，农业县、生态县和未取消县的第三产业占比均值分别为 31.11%、34.10%、33.75%，2015~2018 年，上述三类县的该指标分别为 34.31%、37.02%、34.46%，可以看出，在政策实施之后，三类县的第三产业占比都得到了一定程度的提高，特别是农业县和生态县增长势头明显，政策之后涨幅分别为 10.29%、8.56%，生态县第三产业占比处于遥遥领先的地位。

表 3-38　　　　　　　三明市三类县历年第三产业占 GDP 比重　　　　　单位：%

县类别	2010 年	2011 年	2012 年	2013 年	均值 1	2014 年	2015 年	2016 年	2017 年	2018 年	均值 2
农业县	30.33	31.98	31.08	31.04	31.11	31.47	33.53	35.61	33.85	34.25	34.31
生态县	33.89	35.15	33.54	33.83	34.10	34.38	36.42	38.13	36.65	36.88	37.02
未取消县	32.57	34.96	33.97	33.48	33.75	33.36	34.51	36.19	33.79	33.35	34.46

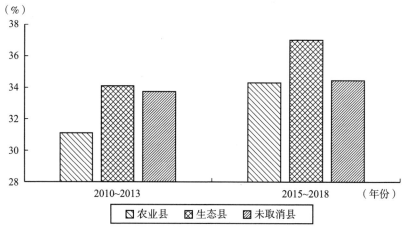

图 3-35　三明市三类县历年第三产业占 GDP 比重

具体来看，在政策实施之后，农业县将第三产业发展重心主要放在新兴重点产业的培育上，包含商贸物流、文化旅游、健康养老等，同时加强"线上 + 线下"融合发展，其建设项目主要包括电子商务产业园、红色旅游品牌项目、水上运动基地项目等。生态县则在推进新兴业态加快发展的同时持续深化生态景观提升改造工程，主要建成全域化写生基地创建、"农村淘宝"项目、乡村民宿旅游等一系列项目，促进旅游业稳步发展（三明市政府工作报告，2015 ~ 2018 年）。总体上两类县第三产业不断扩量升级，现代服务业发展后劲稳步增强。

（四）小结

综上所述，三类县第一产业占 GDP 比重最小，第二产业占比最大，第三产业占比次之。具体来看，在政策实施之后，三类县的第一产业占比下降，占比最大的为农业县；第二产业占比基本与政策实施之前持平，占比最大的为未取消县；第三产业占比大幅上升，占比最大的为生态县。此外，在三大产业中，均为农业县变化幅度最大。

四、民生

本部分主要从三明市三类县历年农村居民人均纯收入、医院及卫生院床位数、社会福利收养性单位数及其床位数四个指标考察政策实施对于民生的影响。

（一）农村居民人均纯收入

表 3 - 39 和图 3 - 36 是三明市三类县历年农村居民人均纯收入的描述性统计情况。结果表明，2010 ~ 2013 年，农业县、生态县、未取消县的该指标均值分别为 8.38 千元、8.59 千元、9.51 千元；2015 ~ 2018 年，上述三类县的均值分别为 13.97 千元、14.30 千元、16.17 千元。可以看出，三明市三类县历年农村居民人均纯收入呈现逐年上升趋势，至 2018 年，三类县农村居民人均纯收入较 2010 年实现翻番增长。未取消县农村居民人均纯收入始终保持高位快速增长，而农业县和生态县该指标也持续保持平稳增长，增长区间为 1 ~ 1.3 千元，人民生活有了较大的改善，但与未取消县相比，农业县和生态县仍存在差距。

表 3 - 39 　　　　　　　三明市三类县历年农村居民人均纯收入　　　　单位：千元

县类别	2010 年	2011 年	2012 年	2013 年	均值1	2014 年	2015 年	2016 年	2017 年	2018 年	均值2
农业县	6.66	7.85	8.97	10.02	8.38	11.16	12.23	13.27	14.51	15.85	13.97
生态县	6.77	8.03	9.20	10.35	8.59	11.40	12.51	13.60	14.88	16.20	14.30
未取消县	7.58	8.85	10.19	11.40	9.51	12.87	14.20	15.41	16.78	18.29	16.17

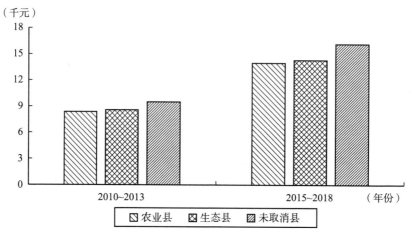

图 3 - 36　三明市三类县历年农村居民人均纯收入

（二）医院及卫生院床位数

表 3 - 40 列示了三明市三类县历年医院及卫生院床位数在 2010 ~ 2016 年的相关数据。结合图 3 - 37 来看，2015 ~ 2016 年，未取消县的平均医院及卫生院床位数在 60 张/万人左右，数量始终保持最高，生态县次之（39.63 张/万人），农业县最低（36 张/万人）。在数量上，未取消县的该指标数值远远高于另外两类县，而从趋势来看，实施政策后的三类县医院及卫生院床位数均有所增长，但未取消县的该指标增长幅度最大。可见从数量和增幅来看，农业县和生态县与未取消县相比，还存在差距，有较大的改善空间。

表 3 - 40　　　　　　　三明市三类县历年医院、卫生院床位数　　　　单位：张/万人

县类别	2010 年	2011 年	2012 年	2013 年	均值1	2014 年	2015 年	2016 年	均值2
农业县	30.02	28.75	33.03	33.53	31.33	34.99	34.12	37.88	36.00
生态县	23.36	27.32	39.8	39.34	32.46	33.52	38.96	40.29	39.63
未取消县	36.08	37.25	41.67	52.72	41.93	60.86	60.93	59.06	60.00

注：三明市的 2017 ~ 2018 年该指标数据缺失，下同。

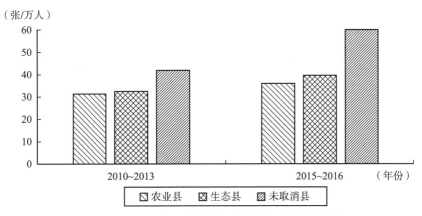

图 3-37 三明市三类县历年医院及卫生院床位数

（三）社会福利收养性单位数

表 3-41 和图 3-38 是三明市三类县历年每万人社会福利性收养单位数平均值的描述性统计情况。可以看出，2010～2013 年，农业县、生态县、未取消县的该指标均值分别为 0.37 个/万人、0.48 个/万人、0.38 个/万人；2015～2018 年，生态县的该指标数值最大（0.91 个/万人）、农业县次之（0.61 个/万人）、未取消县最少（0.43 个/万人）。三类县中社会福利收养性单位数最少的始终是未取消县，而在实施政策后，农业县和生态县的该指标都有较大增长，增幅分别为 64.86% 和 89.58%。

表 3-41　　　　　三明市三类县历年社会福利收养性单位数　　　　单位：个/万人

县类别	2010 年	2011 年	2012 年	2013 年	均值1	2014 年	2015 年	2016 年	均值2
农业县	0.34	0.35	0.39	0.40	0.37	0.59	0.58	0.63	0.61
生态县	0.46	0.46	0.54	0.47	0.48	0.54	0.53	1.28	0.91
未取消县	0.35	0.36	0.35	0.44	0.38	0.45	0.43	0.42	0.43

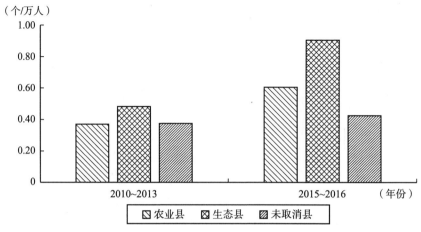

图 3-38　三明市三类县历年社会福利收养性单位数

（四）社会福利收养性单位床位数

表 3-42 列示了三明市三类县历年医院及卫生院床位数在 2010~2016 年的相关数据。结合图 3-39 来看，2010~2013 年，农业县、生态县、未取消县福利收养性单位床位数均值分别为 13.51 张/万人、18.39 张/万人、10.98 张/万人；2015~2016 年，上述三类县的均值分别为 23.00 张/万人、35.24 张/万人、33.40 张/万人。可以看出，三类县的该指标在实施政策后均有较大幅度增长，其中未取消县增幅最大，为 204.19%；生态县次之，为 91.63%；农业县最低，增幅为 70.24%。相对来说农业县的床位数平均值总量最少，表明其在社会福利方面还有较大的改善空间。

表 3-42　　　　　　　三明市三类县历年社会福利收养性单位床位数　　　　　单位：张/万人

县类别	2010 年	2011 年	2012 年	2013 年	均值 1	2014 年	2015 年	2016 年	均值 2
农业县	12.22	10.81	14.22	16.77	13.51	21.89	21.39	24.6	23.00
生态县	10.55	16.14	25.22	21.65	18.39	38.67	37.2	33.27	35.24
未取消县	7.41	7.55	7.41	21.55	10.98	31.7	34.28	32.52	33.40

（张/万人）

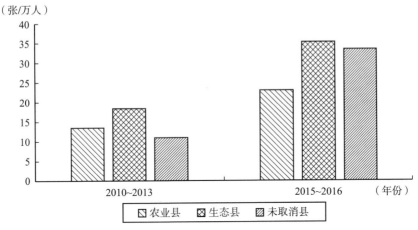

图 3 - 39　三明市历年社会福利收养性单位床位数

（五）小结

综上所述，政策实施之后，在农村居民人均纯收入上，三明市各类县农村人均居民纯收入呈持续线性增长；在医疗卫生方面，相对于未取消县，农业县和生态县社会福利性收养单位数增长较快，改善明显；而医院及卫生院和社会福利收养性单位床位数增长较慢，但基本保持稳定区间，可见社会保障体系不断增强。

具体来看，未取消县在 2015～2018 年采取的举措主要包括：实施新型职业农民培育、绿色家园提升改造、实施农村饮水安全、交通惠民等重要工程；实现城乡低保标准一体化、提升基础医疗卫生水平；完善立体化社会治安防控体系等。而农业县加大了社会公共供给力度，通过购买先进医疗设备、扩建乡镇卫生院等措施加快补齐医疗卫生事业短板，同时实施保障性安居工程，以众多惠民政策不断保障民生，增进民生福祉。生态县则通过增加居民就业岗位、完善补贴制度、深化医药卫生体制改革和增加福利性养老设施等方式，引导财政支出向民生倾斜，增加居民就业，同时加快形成县域紧密型医联体（三明市政府工作报告，2015～2018 年）。总体来看，人民生活得到了一定程度的改善，但不同地区之间还是存在较大差异。

五、本节小结

本节通过分析 2010～2018 年福建省三明市相关统计数据，对所选取的历史数据进行横向和纵向对比分析，得出如下研究结论。

1. 农业县。在政策实施之后，从经济增长方面来看，历年平均 GDP 和人均 GDP 均得到了大幅上升，平均 GDP 增长率和人均 GDP 增长率大幅下降，总体经济增长稳中有进；从经济结构来看，有一定程度改善，主要是因为固定资产投资（不含农户）占比大幅上升，社会消费品零售总额占比增长较大；从产业结构来看，得到一定程度优化，这主要得益于第一产业占比大幅下降，第二产业占比增幅较大，第三产业占比有所增长；从民生来看，在居民收入和医疗、卫生方面有一定程度改善，具体来看，农村居民人均纯收入大幅上升，医院及卫生院床位数增幅较小，社会福利收养性单位数及其床位数大幅上升。

2. 生态县。在政策实施之后，从经济增长方面来看，历年平均 GDP 和人均 GDP 均得到了大幅上升，平均 GDP 增长率和人均 GDP 增长率大幅下降；从经济结构来看，有一定程度的改善，主要得益于固定资产投资（不含农户）占比和社会消费品零售总额占比的大幅上升；从产业结构来看，明显得到了优化，主要是因为第一产业占比大幅下降，第二产业占比基本持平，第三产业占比大幅上升，向服务业转型升级提速；从民生来看，有一定程度改善，具体来看，农村居民人均纯收入大幅上升，每万人医院及卫生院床位数增幅较小，每万人社会福利收养性单位数及其床位数大幅上升。

综上所述，政策实施后，三明市农业县和生态县在经济总量、产业转型和民生服务方面都有了一定程度的改善，但与未取消县对比仍存在一些差距：在经济增长和结构上，农业县和生态县均存在经济总量偏小，主要依靠固定资产投入推动经济增长的问题；在产业结构上，农业县和生态县第一产业占比仍较大，产业转型速度较慢；在民生领域，农业县在医疗、养老方面床位供给不足，在基本公共服务设施和社会保障上有待加强。

第五节　龙　岩　市

龙岩市下辖六个县（市），在 2014 年之后，共有五个县（市）取消了 GDP 考核，其中属于农产品主产区的有：漳平市、长汀县、上杭县、武平县、连城县（以下简称农业县）；未取消 GDP 考核的有：永定县（以下简称未取消县），龙岩市截至目前没有重点生态功能区，具体如表 3－43 所示。

表 3 - 43 　　　　　　　**龙岩市取消 GDP 考核县（市）情况**

类别		县（市）名称
取消 GDP 考核	农产品主产区	漳平市、长汀县、上杭县、武平县、连城县
	重点生态功能区	无
未取消 GDP 考核		永定县

一、经 济 增 长

（一）地区生产总值

下面通过各县历年 GDP、历年 GDP 增长率、历年人均 GDP 和历年人均 GDP 增长率的数据变化，分析对本市经济增长的影响。

表 3 - 44 和图 3 - 40 是龙岩市两类县历年 GDP 的统计情况，可以看出，两类

表 3 - 44 　　　　　　　　**龙岩市两类县历年 GDP** 　　　　　　　单位：万元

县类别	2010 年	2011 年	2012 年	2013 年	均值 1	2014 年	2015 年	2016 年	2017 年	2018 年	均值 2
农业县	94.04	118.30	134.22	148.54	123.77	165.78	180.50	197.76	224.09	249.65	213.00
未取消县	110.97	140.88	158.46	168.58	144.72	185.05	198.23	214.61	242.01	266.23	230.27

资料来源：各类县历年数据根据附录龙岩市各县基本指标算数平均所得；均值 1 为 2010～2013 年各类县数据的平均值，均值 2 为 2015～2018 年各类县数据的平均值。下同。

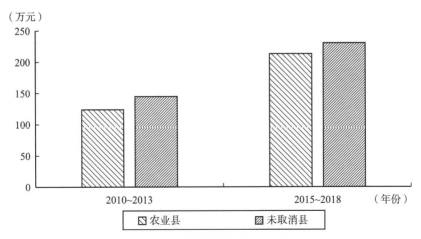

图 3 - 40　龙岩市两类县历年 GDP

注：2010～2013 年各类县柱形图根据表 3 - 44 中的均值 1 绘制，2015～2018 年各类县柱形图根据均值 2 绘制。下同。

县 GDP 都有了较大的提升，整体呈持续上升趋势。2010~2013 年，农业县的 GDP 均值为 123.77 万元，未取消县的 GDP 均值为 144.72 万元；2015~2018 年，农业县的 GDP 均值为 213 万元，未取消县的 GDP 均值为 230.27 万元。可以看出，与政策实施之前相比，政策实施之后，农业县和未取消县的平均 GDP 有所上升，幅度分别为 72.09%、59.11%。

（二）地区生产总值增长率

表 3-45 和图 3-41 是龙岩市两类县历年 GDP 增长率的描述性统计，通过整体分析可以看出，龙岩市两类县的历年 GDP 增长率起伏变化较大，2011 年是"十二五"开局之年，两类县的该指标达到了峰值，龙岩市各方面紧盯 GDP 增长，致力加快发展、加快经济转型。分区间来看，2010~2013 年，农业县、未取消县该指标的均值分别为 17.93%、14.18%；2015~2018 年，上述两类县的均值分别为 10.69%、9.54%。在政策实施之前和之后，从该指标的对比可以看出，两类县在政策实施之后，存在不同程度的下降，幅度分别为 -40.38%、-32.72%。

表 3-45　　　　　　　　龙岩市两类县历年 GDP 增长率　　　　　　　　单位：%

县类别	2010 年	2011 年	2012 年	2013 年	均值 1	2014 年	2015 年	2016 年	2017 年	2018 年	均值 2
农业县	21.74	25.31	13.66	11.00	17.93	11.58	8.68	9.56	13.15	11.37	10.69
未取消县	10.89	26.95	12.48	6.39	14.18	9.77	7.12	8.26	12.77	10.01	9.54

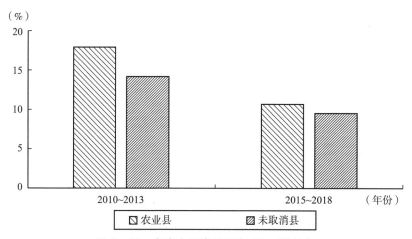

图 3-41　龙岩市两类县历年 GDP 增长率

(三) 人均地区生产总值

表 3-46 列示了龙岩市两类县历年人均 GDP 在 2010~2018 年的相关数据。结合图 3-42 可以看出，2010~2013 年，农业县的人均 GDP 的均值高于未取消县，分别为 3.39 万元、3.12 万元；2015~2018 年，农业县人均 GDP 的均值呈大幅增长，幅度为 53.69%；未取消县次之，增长幅度为 45.83%。表明在政策实施之后，两类县的人均地区生产总值提高了。

表 3-46 　　　　　　　　　龙岩市两类县历年人均 GDP　　　　　　　单位：万元

县类别	2010 年	2011 年	2012 年	2013 年	均值 1	2014 年	2015 年	2016 年	2017 年	2018 年	均值 2
农业县	2.46	3.50	3.85	3.76	3.39	4.17	4.44	4.84	5.48	6.07	5.21
未取消县	2.31	3.30	3.44	3.44	3.12	3.70	3.89	4.23	4.78	5.28	4.55

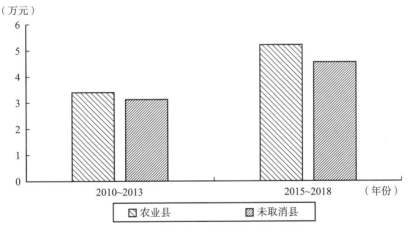

图 3-42　龙岩市两类县历年人均 GDP

(四) 人均地区生产总值增长率

表 3-47 和图 3-43 是龙岩市两类县历年人均 GDP 增长率的描述性统计。结果表明，2010~2013 年，农业县、未取消县的该指标均值分别为 18.03%、16.70%；2015~2018 年，上述两类县的均值分别为 9.80%、9.33%。通过政策实施之前和之后的指标对比可以看出，两类县在政策实施之后，平均人均 GDP 增长率明显下降，幅度分别为 -45.65%、-44.13%。

表 3-47 龙岩市两类县历年人均 GDP 增长率 单位：%

县类别	2010 年	2011 年	2012 年	2013 年	均值 1	2014 年	2015 年	2016 年	2017 年	2018 年	均值 2
农业县	21.31	42.67	10.33	-2.20	18.03	10.74	6.29	9.05	13.20	10.67	9.80
未取消县	19.69	42.86	4.24	0.00	16.70	7.56	5.14	8.74	13.00	10.46	9.33

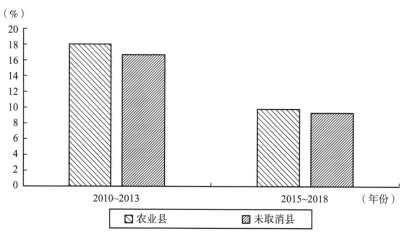

图 3-43 龙岩市两类县历年人均 GDP 增长率

（五）小结

综合上述表格和图形，可以看出，在政策实施前后，除了 GDP，农业县的上述各类指标均高于未取消县。在政策实施之后，无论是平均的 GDP 还是人均 GDP，大体上都是呈现一个稳步上升的趋势，而其对应的增长率均呈现下降趋势。

二、经济结构

（一）固定资产投资占 GDP 比重

本部分分别计算了固定资产投资（不含农户）占 GDP 比重和社会消费品零售总额占 GDP 的比重，来分析取消 GDP 考核改革对龙岩市经济结构的影响。

表 3-48 和图 3-44 是龙岩市两类县历年固定资产投资（不含农户）占 GDP 比重在 2010～2018 年的统计数据，从该表可以看出，2010～2013 年，农

业县的固定资产投资（不含农户）占 GDP 比重的均值为 64.76%，未取消县为 52.41%；2015～2018 年，农业县的该指标均值为 126.09%，未取消县为 111.20%。可以看出，与政策实施之前相比，政策实施之后，农业县和未取消县的平均固定资产投资（不含农户）占 GDP 比重呈大幅提高的趋势，幅度分别为 94.70%、112.17%。从龙岩市政府工作报告（2015～2018）来看，农业县和未取消县相比，在政策实施之后，农业县的该指标相对放缓，更加注重投资的质量和效益，取消 GDP 考核之后，农业县主要进行了休闲旅游（连城冠豸山、红色古田）、绿色农业（八大珍）、生态环保攻坚（开展生猪养殖业污染整治）、高铁建设、互联网产业（农村淘宝、电商）、城乡面貌（景观带工程）等投资，表明农业县因地制宜，着重地方特色发展，加大了对医疗、教育、水利电力、养老、交通基础设施的投入，可持续性经济为龙岩市未来发展打下了坚实基础，也是实现地区高质量发展的必由之路。

表 3-48　　　龙岩市两类县历年固定资产投资（不含农户）占 GDP 比重　　　单位：%

县类别	2010 年	2011 年	2012 年	2013 年	均值 1	2014 年	2015 年	2016 年	2017 年	2018 年	均值 2
农业县	44.67	51.57	69.81	92.99	64.76	106.03	120.03	124.17	127.60	132.54	126.09
未取消县	27.97	51.04	53.50	77.13	52.41	87.09	102.69	113.64	119.96	108.50	111.20

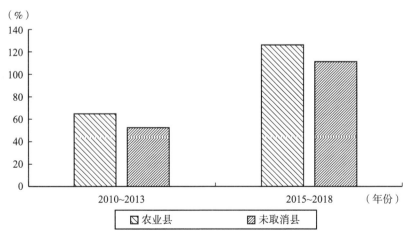

图 3-44　龙岩市两类县历年固定资产投资（不含农户）占 GDP 比重

（二）社会消费品零售总额占 GDP 比重

表 3 – 49 和图 3 – 45 是龙岩市两类县社会消费品零售总额占 GDP 比重的描述性统计。结果表明，2010~2013 年，农业县、未取消县的该指标均值分别为 28.49%、29.78%；2015~2018 年，上述两类县的均值分别为 34.21%、35.40%。通过政策实施之前和之后的指标对比可以看出，两类县在政策实施之后，普遍有所上升。其中，农业县的上涨幅度（20.08%）大于未取消县（18.87%），这在一定程度上优化了农业县的经济结构。

表 3 – 49 　　　　　龙岩市两类县社会消费品零售总额占 GDP 比重 　　　　　单位：%

县类别	2010 年	2011 年	2012 年	2013 年	均值 1	2014 年	2015 年	2016 年	2017 年	2018 年	均值 2
农业县	31.26	25.61	26.85	30.24	28.49	32.11	33.27	34.94	34.03	34.61	34.21
未取消县	32.41	26.26	28.76	31.67	29.78	33.20	33.13	35.54	35.93	37.01	35.40

图 3 – 45 　龙岩市两类县社会消费品零售总额占 GDP 比重

（三）小结

根据以上分析可知，龙岩市两类县的固定资产投资（不含农户）占 GDP 比重远高于社会消费品零售总额占 GDP 比重，表明经济增长仍主要靠固定资产投资拉动。在政策实施之后，两类县社会消费品零售总额占比呈上涨态势，经济增长依靠消费拉动的比重有所增加，其中农业县社会消费品零售总额占比增幅高于未取消县。说明农业县的经济结构在政策实施之后改善较为明显。

三、产业结构

本部分通过第一产业、第二产业、第三产业分别占 GDP 比重的分析，考察取消 GDP 考核政策对地方产业结构的影响。

（一）第一产业占 GDP 比重

表 3－50 和图 3－46 是龙岩市两类县历年第一产业占 GDP 比重的统计情况。可以看出，2010～2013 年，农业县的第一产业占 GDP 比重的均值为17.95%，未取消县为 15.09%；2015～2018 年，农业县的第一产业占 GDP 比重的均值为 15.29%，未取消县为 13.04%。可以看出，与政策实施之前相比，政策实施之后，两类县的第一产业占比均值都有所下降，幅度分别为 －14.82%、－13.59%，农业县的该指标下降幅度相对较大，表明农业县的产业结构在政策实施之后更加优化。具体来看，农业县采取的主要措施如下：（1）开展创建了现代农业产业园和新建高标准农田；（2）继续扩大新型农业经营体系规模，把工作重心放在茶叶、花卉、苗木等七大优势特色产业和“八大干”“八大鲜”“八大珍”等闽西特色产品上；（3）力争把漳平水仙、武平绿茶的品质做优，把漳平杜鹃、连城国兰等花卉、苗木产业做强做大，全面提升槐猪、河田鸡等畜牧业发展的质量，进一步推进林下经济，果蔬特色种植基地标准化、规模化，采用生态环保的技术模式，做到农机农艺相配合；（4）扶持龙头企业发展，扩大农民专业发展合作社规模，发挥特色产业优势，加快与休闲、养生养老等产业融合，建立万亩现代农业示范园等农业产业发展平台，创建花卉交易博览中心等农产品交易平台，利用品牌推广效应，带动农产品销售（龙岩市政府工作报告，2015～2018 年）。

表 3－50　　　　龙岩市两类县历年第一产业占 GDP 比重　　　单位：%

县类别	2010 年	2011 年	2012 年	2013 年	均值 1	2014 年	2015 年	2016 年	2017 年	2018 年	均值 2
农业县	19.82	18.07	17.05	16.85	17.95	16.46	16.23	15.97	14.76	14.19	15.29
未取消县	16.91	15.08	14.31	14.04	15.09	14.11	14.36	14.44	11.79	11.55	13.04

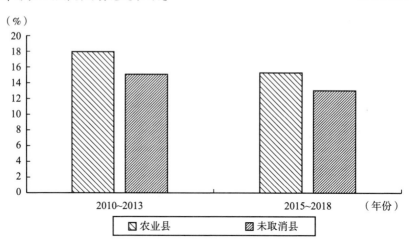

图 3-46　龙岩市两类县历年第一产业占 GDP 比重

（二）第二产业占 GDP 比重

表 3-51 和图 3-47 是龙岩市两类县历年第二产业占 GDP 比重的描述性统计。结果表明，2010～2013 年，农业县、未取消县的该指标均值分别为45.05%、50.84%；2015～2018 年，上述两类县的均值分别为 43.23%、47.77%。经政策实施前后的指标对比，得出两类县在政策实施之后，第二产业占比略有下降，幅度分别为 -4.04%、-6.04%。具体来看，农业县采取的措施主要如下：（1）开展"双培育"行动计划，对正盛化工等龙头领军企业精准实施"一企一策"支持，重点产业支撑经济发展作用明显（有色金属金铜产业持续壮大、农副产品加工优化升级、光电新材料、生物医药产业加速发力）；（2）金龙稀土等国家高新技术企业快速发展，出台了矿山企业规费减免等一系列产业发展优惠政策措施，促进工业经济稳定增长；（3）建筑业转型取得重大突破，积极推动绿色发展理念，加快打造特色主导产业；（4）为提高企业竞争力，持续改造提升纺织、矿业化工等传统产业，稳定提升能源、化工等优势工业的质量效益。而未取消县依靠推进二次创业实现突破，全力以赴建设平台，加速推进项目建设进度，整合提升煤炭、电力、建材等传统产业，不断发展壮大光电信息产业，整合开发"永定红"石材矿山，工业建设取得重大进展（龙岩市政府工作报告，2015～2018 年）。

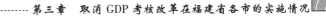

表 3 - 51　　　　　龙岩市两类县历年第二产业占 GDP 比重　　　　　单位：%

县类别	2010 年	2011 年	2012 年	2013 年	均值 1	2014 年	2015 年	2016 年	2017 年	2018 年	均值 2
农业县	43.49	44.93	46.07	45.70	45.05	45.97	44.21	43.12	42.56	43.02	43.23
未取消县	49.59	51.34	51.89	50.54	50.84	50.51	49.22	47.18	47.57	47.10	47.77

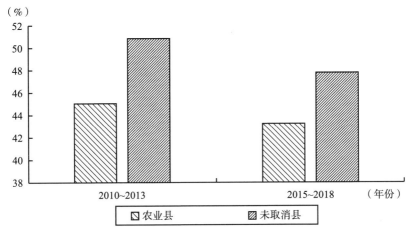

图 3 - 47　龙岩市两类县历年第二产业占 GDP 比重

（三）第三产业占 GDP 比重

表 3 - 52 列示了龙岩市两类县历年第三产业占 GDP 比重在 2010 ~ 2018 年的相关数据。结合图 3 - 48 可以看出，2010 ~ 2013 年，农业县的第三产业占比的均值高于未取消县，分别为 37%、34.08%；2015 ~ 2018 年，两类县的该指标的均值略有上升，增长幅度分别为 12.11%、15.02%。具体来看，农业县采取的主要措施如下：（1）加快旅游精品线路的形成，逐步完善旅游综合配套设施。实施"互联网 +"战略，借助其自身的环境、地理优势，加快发展电商产业、休闲旅游、金融服务等现代服务业，促进批发零售业、住宿餐饮等传统服务业的改造升级。（2）建设农村淘宝服务站、电商物流城、旅游集散服务中心，引进阿里巴巴、欧壹国际等电商平台。（3）开展服务业"三比一看"竞赛活动，制定实施了具体的扶持政策和措施，推动物流业、快递业、房地产业、乡村旅游发展，稳步推进城乡一体协调发展试验区，初步构建县、乡、村三级农村物流服务体系。（4）成功创建古田、梁野山、梅花山等多个 5A 级旅游景区，举办樱花文化旅游节、"中国骑都"环冠豸山自行车大赛和各种特色

乡村旅游活动。大幅提升景区品质,旅游业持续升温(龙岩市政府工作报告,2015~2018年)。可见,第三产业不断向好的方向发展、稳中有进,新业态活力持续增强、呈现出新亮点,但农业县第三产业占比上升速度小于未取消县,这可能与农业县原本第三产业的基数较大有关。

表3-52　　　　　　　　龙岩市两类县历年第三产业占GDP比重　　　　　单位:%

县类别	2010年	2011年	2012年	2013年	均值1	2014年	2015年	2016年	2017年	2018年	均值2
农业县	36.69	37.00	36.88	37.45	37.00	37.57	39.55	40.91	42.67	42.78	41.48
未取消县	33.50	33.58	33.80	35.42	34.08	35.39	36.42	38.38	40.64	41.35	39.20

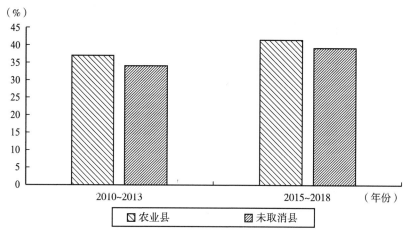

图3-48　龙岩市两类县历年第三产业占GDP比重

(四) 小结

总体来看,两类县第一产业占GDP比重最小,第二产业占比较大,第三产业占比次之,其中,农业县的第一产业和第三产业占比高于未取消县,而第二产业占比低于未取消县。在政策实施之后,两类县的第一产业和第二产业比重均持续下降,第三产业比重稳步攀升,特别是农业县的第三产业已经基本与第二产业比重持平。表明龙岩市未取消县的经济增长仍主要靠第二产业拉动,第三产业对经济增长的贡献有所增强,农业县的经济增长主要归功于第二产业和第三产业的双重驱动,产业结构在政策实施之后有所改善。

四、民生

本部分主要通过农村居民人均纯收入、医院及卫生院床位数等指标的分析，考察政策实施对于民生的影响。

（一）农村居民人均纯收入

表 3 - 53 列示了龙岩市两类县历年农村居民人均纯收入在 2010～2018 年的相关数据。结合图 3 - 49 可以看出，2010～2013 年，未取消县的农村居民人均纯收入的均值最高（9.52 千元），农业县次之（8.11 千元）；2015～2018 年，未取消县农村居民人均纯收入的均值还是保持最高（16.05 千元），农业县次之（14.29 千元），增长幅度分别为 68.59%、76.20%，表明在政策实施之后，农业县的农村居民人均纯收入虽然得到了显著提高，但与未取消县相比还有所差距。

表 3 - 53　　　　　　龙岩市两类县历年农村居民人均纯收入　　　　　单位：千元

县类别	2010 年	2011 年	2012 年	2013 年	均值 1	2014 年	2015 年	2016 年	2017 年	2018 年	均值 2
农业县	6.39	7.58	8.68	9.80	8.11	11.36	12.48	13.57	14.84	16.27	14.29
未取消县	7.54	8.93	10.18	11.42	9.52	12.87	14.14	15.35	16.63	18.07	16.05

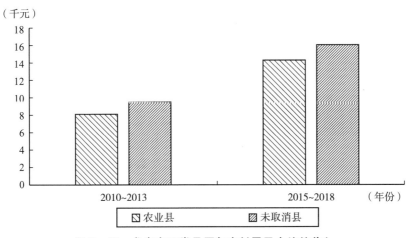

图 3 - 49　龙岩市两类县历年农村居民人均纯收入

95

（二） 医院及卫生院床位数

表3－54和图3－50是龙岩市两类县历年每万人医院及卫生院床位数平均值的描述性统计。结果表明，2010～2013年，农业县、未取消县的该指标均值分别为31.06张/万人、26.69张/万人；2015～2018年，上述两类县的均值分别为38.49张/万人、36.64张/万人。通过政策实施之前和之后的指标对比可以看出，两类县在政策实施之后，普遍有所上升，其中，未取消县的增长幅度最大，为37.28%，农业县次之，幅度为23.92%。

表3－54				龙岩市两类县历年医院及卫生院床位数					单位：张/万人		
县类别	2010年	2011年	2012年	2013年	均值1	2014年	2015年	2016年	2017年	2018年	均值2
农业县	25.52	29.89	32.59	36.22	31.06	35.49	35.59	38.71	39.80	39.85	38.49
未取消县	26.10	26.10	26.80	27.76	26.69	27.86	27.31	30.12	38.03	51.11	36.64

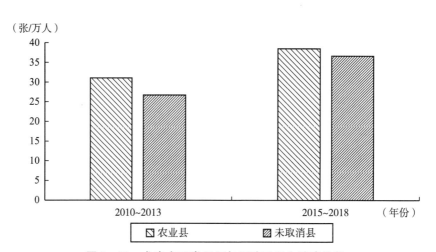

图3－50　龙岩市两类县历年医院及卫生院床位数

（三） 社会福利收养性单位数

表3－55和图3－51是龙岩市两类县历年社会福利收养性单位数的描述性统计。结果表明，2010～2013年，农业县、未取消县的该指标均值分别为0.50个/万人、0.52个/万人；2015～2018年，上述两类县的均值都为0.46个/万人。通过政策实施之前和之后的指标对比可以看出，两类县在政策实施之后，都略有下降，幅度分别为－6.12%、－8%。

表 3 – 55 龙岩市两类县历年社会福利收养性单位数 单位：个/万人

县类别	2010 年	2011 年	2012 年	2013 年	均值 1	2014 年	2015 年	2016 年	2017 年	2018 年	均值 2
农业县	0.50	0.50	0.50	0.49	0.50	0.48	0.47	0.45	—	—	0.46
未取消县	0.52	0.52	0.51	0.51	0.52	0.50	0.49	0.49	0.43	0.44	0.46

注：龙岩市农业县 2017～2018 年该指标数据缺失，下同。

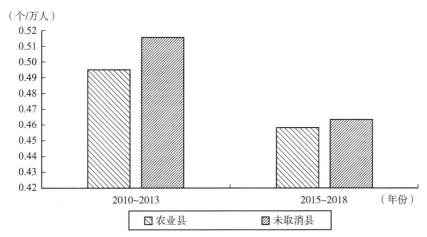

图 3 – 51 龙岩市两类县历年社会福利收养性单位数

（四）社会福利收养性单位床位数

表 3 – 56 和图 3 – 52 是龙岩市两类县历年社会福利收养性单位床位数的统计情况，从该图表可以看出，2010～2013 年，农业县、未取消县的社会福利收养性单位床位数均值分别为 18.54 张/万人、12.12 张/万人；2015～2018 年，农业县的该指标均值为 20.04 张/万人，未取消县为 17.02 张/万人。可以看出，与政策实施之前相比，政策实施之后，农业县和未取消县的社会福利收养性单位床位数的均值都呈现上升趋势，其中未取消县的增幅最大，为 40.43%，农业县次之，为 8.09%。

表 3 – 56 龙岩市两类县历年社会福利收养性单位床位数 单位：张/万人

县类别	2010 年	2011 年	2012 年	2013 年	均值 1	2014 年	2015 年	2016 年	2017 年	2018 年	均值 2
农业县	13.55	18.14	19.52	22.96	18.54	26.62	19.33	20.75	—	—	20.04
未取消县	7.75	12.63	13.20	14.88	12.12	15.44	15.14	18.87	16.99	17.07	17.02

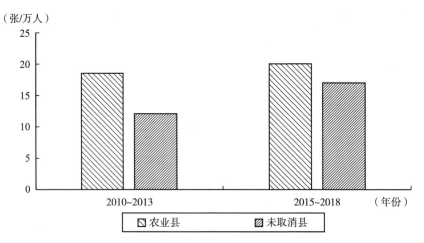

（张/万人）

图 3-52　龙岩市两类县历年社会福利收养性单位床位数

（五）小结

综上所述，在政策实施之后，各类县的农村居民人均纯收入、医院及卫生院床位数、社会福利收养性单位床位数均呈上升趋势，其中，农业县农村居民人均纯收入上升，较未取消县快，但总额低于未取消县；未取消县医院及卫生院床位数、社会福利收养性单位床位数上升幅度较农业县快，但总额较农业县低。具体来看，农业县重点突破社会事业改革，促进惠民工程进一步完成，精准推进农村扶贫脱贫工作。（1）扎实推进医疗体制改革。开展县级公立医院综合改革，提高县城和乡镇的医疗水平，不断规范乡镇卫生院和村级卫生所等基础医疗卫生机构，改造提升医疗设施，稳步推进医药卫生体制和分级诊疗机制改革，实施医疗联合体制度。（2）提升社会养老福利。分别提高社会养老保险补助标准、五保人员供养标准，新建多座农村幸福院、社区居家养老服务照料中心。实现城乡标准一体化、分类施保、应保尽保。（3）加快落实精准扶贫。实施"企业＋合作社＋贫困户""雨露计划"等帮扶模式和扶贫开发项目，增强贫困户的造血再生能力。建成各类型保障性安居住房、集中安置点，全面完成危房改造、易地扶贫搬迁和造福工程搬迁任务，进一步实现脱贫摘帽。（4）助推文化体育事业。新建乡镇文化站，有序推进改造薄弱村文体设施等项目。而未取消县持续优化医疗资源布局，在区医院和乡镇中心卫生院之间建立远程会诊系统。投入使用运动场、演艺中心等大型文体设施，文化精神蒸蒸日上（龙岩市政府工作报告，2015~2018 年）。

五、本节小结

本部分考察了取消 GDP 考核改革对经济增长、经济结构、产业结构、民生的影响，结论如下。

农业县在政策实施之后，从经济增长方面来看，平均 GDP 和平均人均 GDP 指标均大幅上升，但平均 GDP 增长率、平均人均 GDP 增长率指标呈大幅下降趋势；从经济结构来看，有明显改善，这主要得益于固定资产投资占比、社会消费品总额占比指标大幅上升；从产业结构来看，有一定程度优化，具体来看，第一产业占比指标大幅下降，第二产业占比指标小幅下降，第三产业占比指标大幅上升；从民生来看，有一定程度改善，主要是因为农村居民纯收入、医院及卫生院床位数平均值指标大幅上升，社会福利收养性单位床位数平均值小幅上升，但社会福利收养性单位数平均值小幅下降。

第六节　南　平　市

南平市下辖 9 个县（市），2014 年之后，共有 7 个县（市）取消 GDP 考核，其中属于农产品主产区的县（市）是建瓯市、顺昌县、浦城县、松溪县、光泽县、政和县（以下简称农业县），属于重点生态功能区的是武夷山市（以下简称生态县），未取消县 GDP 考核的有两个市，分别是建阳市、邵武市（以下简称未取消县）。如表 3 – 57 所示。

表 3 –57　　　　　　　　南平市取消 GDP 考核县（市）情况

类别		县（市）名称
取消 GDP 考核	农产品主产区	建瓯市、顺昌县、浦城县、松溪县、光泽县、政和县
	重点生态功能区	武夷山市
未取消 GDP 考核		建阳市、邵武市

一、经济增长

本部分主要通过历年 GDP、历年 GDP 增长率、历年人均 GDP、历年人均

GDP 增长率等指标，考察政策实施对经济增长产生的影响。

（一）地区生产总值

表 3-58 和图 3-53 是南平市三类县历年 GDP 的统计表。从该图表可以看出，2010~2013 年，未取消县的 GDP 均值为 127.70 亿元，农业县的 GDP 均值为 68.65 亿元，生态县的 GDP 均值为 95.91 亿元；2015~2018 年，未取消县的 GDP 均值为 199.67 亿元，农业县的 GDP 均值为 112.29 亿元，生态县的 GDP 均值为 159.88 亿元。可以看出，与政策实施之前相比，政策实施之后，三类县的平均 GDP 均呈上升趋势，未取消县的 GDP 均值仍保持第一，但增幅最小，为 56.36%；生态县的增幅最大，为 66.70%；农业县的 GDP 均值最小，但增幅次之，达到 63.57%。

表 3-58　　　　　　　　　南平市三类县历年 GDP　　　　　　　　单位：亿元

县类别	2010 年	2011 年	2012 年	2013 年	均值 1	2014 年	2015 年	2016 年	2017 年	2018 年	均值 2
农业县	50.28	69.22	77.55	77.54	68.65	86.68	96.66	106.37	116.06	130.08	112.29
生态县	65.79	98.13	109.89	109.83	95.91	123.77	135.14	150.33	167.37	186.68	159.88
未取消县	92.37	129.12	144.69	144.61	127.70	162.78	171.89	185.27	208.68	232.82	199.67

资料来源：各类县历年数据根据附录南平市各县基本指标算数平均所得；均值 1 为 2010~2013 年各类县数据的平均值，均值 2 为 2015~2018 年各类县数据的平均值。下同。

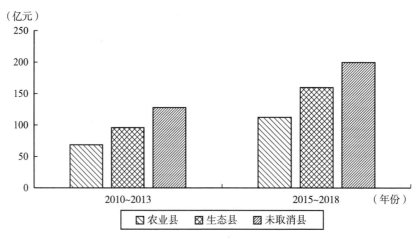

图 3-53　南平市三类县历年 GDP

注：2010~2013 年各类县柱形图根据表 3-58 中的均值 1 绘制，2015~2018 年各类县柱形图根据均值 2 绘制。下同。

（二）地区生产总值增长率

表 3-59 和图 3-54 是南平市三类县历年 GDP 增长率的描述性统计。以 2014 年为分界线来看，2010～2013 年，未取消县、农业县、生态县的该指标均值分别为 17.68%、17.00%、19.69%；2015～2018 年，上述三类县的均值分别为 9.51%、10.80%、10.83%。可以看出，三类县在政策实施之后，该指标普遍有所下降，其中，未取消县的降幅最大，为 -46.21%；生态县的降幅次之，为 -45.00%；农业县的降幅最小，为 -36.47%。

表 3-59　　　　　　　　南平市三类县历年 GDP 增长率　　　　　　单位：%

县类别	2010 年	2011 年	2012 年	2013 年	均值1	2014 年	2015 年	2016 年	2017 年	2018 年	均值2
农业县	16.90	39.17	12.31	-0.37	17.00	11.85	11.32	9.97	9.55	12.36	10.80
生态县	17.70	49.15	11.98	-0.06	19.69	12.69	9.19	11.24	11.33	11.54	10.83
未取消县	18.62	40.07	12.08	-0.07	17.68	12.51	5.93	7.85	12.73	11.54	9.51

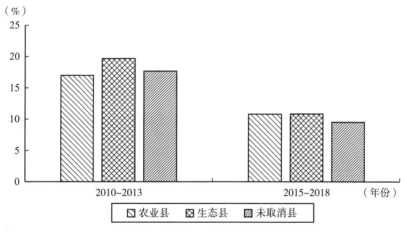

图 3-54　南平市三类县历年 GDP 增长率

（三）人均地区生产总值

表 3-60 和图 3-55 是南平市三类县历年人均 GDP 的统计情况。从该图表可以看出，2010～2013 年，未取消县的人均 GDP 均值为 2.33 万元，农业县的人均 GDP 均值为 2.34 万元，生态县的人均 GDP 均值为 4.17 万元；2015～2018 年，

未取消县的人均 GDP 均值为 3.81 万元，农业县的人均 GDP 均值为 3.83 万元，生态县的人均 GDP 均值为 6.76 万元。可以看出，与政策实施之前相比，政策实施之后，三类县的该指标均呈现上升趋势，其中，生态县的人均 GDP 最高（6.76 万元），农业县和未取消县数值基本持平（3.83 万元和 3.81 万元）。

表 3 - 60　　　　　　　　　　南平市三类县历年人均 GDP　　　　　　　单位：万元

县类别	2010 年	2011 年	2012 年	2013 年	均值 1	2014 年	2015 年	2016 年	2017 年	2018 年	均值 2
农业县	1.69	2.38	2.65	2.65	2.34	2.96	3.25	3.59	4.06	4.41	3.83
生态县	2.86	4.27	4.78	4.78	4.17	5.16	5.63	6.19	7.61	7.59	6.76
未取消县	1.68	2.38	2.64	2.63	2.33	2.95	3.20	3.51	4.15	4.37	3.81

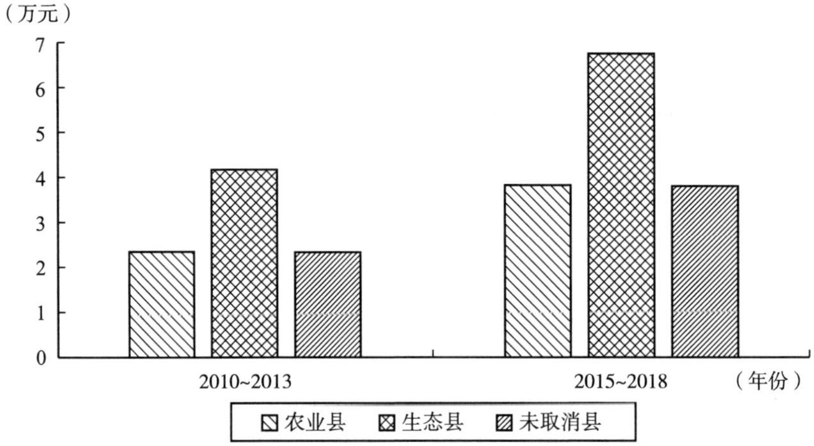

图 3 - 55　南平市三类县历年人均 GDP

（四）人均地区生产总值增长率

表 3 - 61 和图 3 - 56 是南平市三类县历年人均 GDP 增长率的描述性统计。结果表明，2010 ~ 2013 年，未取消县、农业县、生态县的该指标均值分别为 17.07%、16.31%、19.74%；2015 ~ 2018 年，上述三类县的均值分别为 10.80%、10.68%、10.44%。通过政策实施之前和之后的指标对比可以看出，三类县在政策实施之后，该指标出现不同程度的下降，其中，生态县的降幅最大，为 - 47.11%；未取消县的降幅次之，为 - 36.73%；农业县的降幅最小，为 - 34.52%。

表 3-61　　　　　　南平市三类县历年人均 GDP 增长率　　　　单位: %

县类别	2010 年	2011 年	2012 年	2013 年	均值 1	2014 年	2015 年	2016 年	2017 年	2018 年	均值 2
农业县	13.70	40.58	11.26	-0.29	16.31	11.93	10.11	10.82	13.41	8.38	10.68
生态县	17.70	49.30	11.94	0.00	19.74	7.95	9.11	9.95	22.94	-0.26	10.44
未取消县	14.55	42.46	11.41	-0.14	17.07	11.94	10.16	10.04	17.86	5.14	10.80

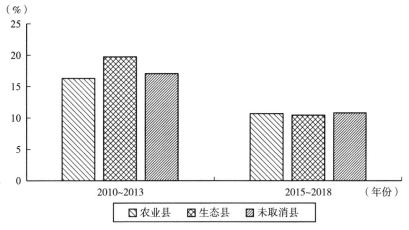

图 3-56　南平市三类县历年平均人均 GDP 增长率

（五）小结

综上所述，通过政策实施之前和之后的对比，从绝对值指标来看，三类县的 GDP 和人均 GDP 在政策实施之后均有所上升，其中未取消县的 GDP 总量最高，但是生态县的人均 GDP 最高，农业县次之，未取消县最低。从增长率指标来看，三类县的两个指标在政策实施之后有不同程度的下滑，其中，生态县的下滑幅度较大。

二、经济结构

本部分主要通过固定资产投资（不含农户）占 GDP 比重、社会消费品零售总额占 GDP 比重等指标，考察政策实施对经济结构产生的影响。

（一）固定资产投资占 GDP 比重

表 3-62 列示了南平市三类县历年固定资产投资（不含农户）占 GDP 比重在 2010～2018 年的相关数据。结合图 3-57 可以看出，2010～2013 年，生态县的该指标均值最高（139.67%），未取消县次之（78.47%），农业县最低（54.58%）；而在 2015～2018 年，三类县的固定资产投资占比有了较大的提升，其中，未取消县的该指标均值提升幅度最大，为 118.64%，农业县和生态县的增幅较未取消县低，这表明，在政策实施之后，相比于未取消县来说，已取消县相对放缓了固定资产投资（不含农户）占 GDP 比重。在政策实施之后，农业县和生态县的固定资产投资主要投向于重点项目建设、高铁建设、生态城建设、绿色产业建设等项目（南平市政府工作报告，2015～2018 年）。这一结果可能说明，由于这些县取消了 GDP 考核，以往粗放的经济增长方式得到了抑制，不再单纯依靠投资拉动经济增长，并且一定程度上优化了经济结构。

表 3-62　　　南平市三类县历年固定资产投资（不含农户）占 GDP 比重　　单位：%

县类别	2010 年	2011 年	2012 年	2013 年	均值 1	2014 年	2015 年	2016 年	2017 年	2018 年	均值 2
农业县	41.61	38.85	55.50	82.35	54.58	98.96	104.59	98.80	110.27	117.90	107.89
生态县	131.19	89.14	129.48	208.88	139.67	189.36	222.74	172.69	160.00	151.05	176.62
未取消县	55.87	51.47	76.22	130.33	78.47	157.85	183.37	166.30	175.99	160.63	171.57

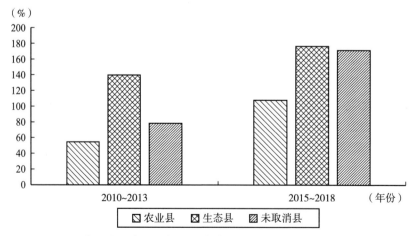

图 3-57　南平市三类县历年固定资产投资（不含农户）占 GDP 比重

（二）社会消费品零售总额占 GDP 比重

表 3 - 63 和图 3 - 58 是南平市三类县历年社会消费品零售总额占 GDP 比重的描述性统计。结果表明，2010～2013 年，未取消县、农业县、生态县的该指标均值分别为 35.49%、31.56%、34.29%；2015～2018 年，上述三类县的均值分别为 42.18%、35.13%、31.47%。通过政策实施之前和之后的指标对比可以看出，三类县在政策实施之后，未取消县和农业县的该指标有所提高，幅度分别为 18.85% 和 11.31%，生态县有所下降，幅度为 - 8.22%。以上表明，在政策实施之后，相对于未取消县，农业县和生态县的社会消费品零售总额占 GDP 比重仍然相对较低。

表 3 - 63　　　　南平市三类县历年社会消费品零售总额占 GDP 比重　　　　单位：%

县类别	2010 年	2011 年	2012 年	2013 年	均值 1	2014 年	2015 年	2016 年	2017 年	2018 年	均值 2
农业县	33.79	28.29	30.01	34.15	31.56	33.96	34.65	35.12	35.73	35.02	35.13
生态县	37.68	29.46	31.60	38.42	34.29	33.25	32.81	31.19	30.97	30.91	31.47
未取消县	36.31	30.73	34.20	40.72	35.49	40.82	42.01	42.11	42.17	42.43	42.18

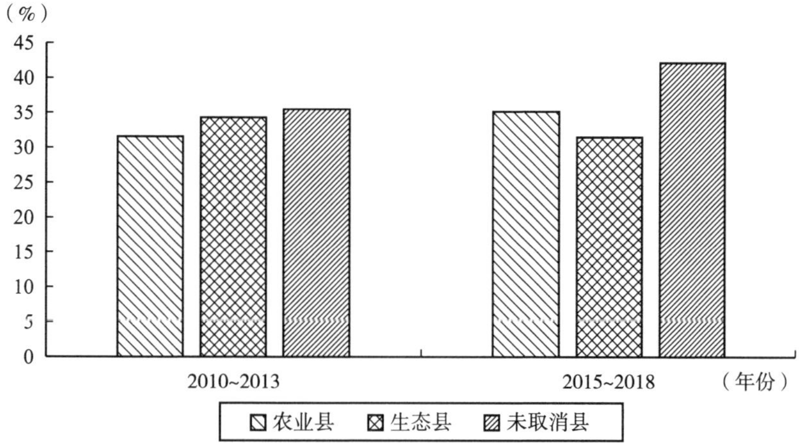

图 3 - 58　南平市三类县历年社会消费品零售总额占 GDP 比重

（三）小结

根据以上分析，可以看出，在政策实施之后，生态县的固定资产投资占比很高，表明经济增长一直以来都是靠投资拉动，消费对经济的拉动作用不足。农业县和未取消县在调整增加社会消费品零售总额占比，经济增长依靠消费拉动的比重有所增加，但是固定资产投资占比的增长更快。

三、产业结构

本部分主要通过第一产业占 GDP 比重、第二产业占 GDP 比重、第三产业占 GDP 比重等指标，考察政策实施对产业结构的影响。

（一）第一产业占 GDP 比重

本部分整理了南平市三类县历年第一产业占 GDP 比重在 2010～2018 年的相关数据，具体见表 3-64 和图 3-59。从该图表可以看出，2010～2013 年，未取消县、农业县、生态县的第一产业占 GDP 比重的均值分别为 20.89%、

表 3-64 南平市三类县历年第一产业占 GDP 比重　　　　　单位：%

县类别	2010 年	2011 年	2012 年	2013 年	均值1	2014 年	2015 年	2016 年	2017 年	2018 年	均值2
农业县	30.25	30.47	30.67	29.60	30.25	29.18	28.79	29.48	24.74	23.51	26.63
生态县	19.05	20.19	20.28	18.73	19.56	17.97	17.44	17.37	14.18	13.71	15.68
未取消县	21.13	21.78	21.09	19.57	20.89	18.75	18.16	17.54	14.72	14.20	16.16

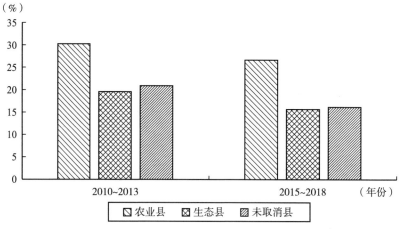

图 3-59　南平市三类县历年第一产业占 GDP 比重

30.25%、19.56%；2015~2018年，未取消县、农业县、生态县的第一产业占GDP比重的均值为16.16%、26.63%、15.68%。可以看出，与政策实施之前相比，政策实施之后，三类县的第一产业占比，均呈现下降趋势，下降的幅度分别为-22.64%、-11.97%和-19.84%，表明三类县GDP增长对农业的依赖性逐渐降低。

具体来看，在政策实施之后，未取消县持续优化农业结构，着力稳住农业基本盘，不断提升三农工作。不仅大力发展橘柚、茶叶、食用菌、葡萄等特色产业，参与全省再生稻高产高效关键技术创新与推广项目建设，认真落实各项惠农政策，积极培育家庭农场、农民专业合作社等新型农业经营主体，严格落实粮食安全行政首长责任制，加快建设农田水利设施，保持粮食的稳定生产，还持续打造农民创业园，推进科技特派员工作，打造农业科特派示范点，并且让企业入驻专业农产品电商平台，建成茶叶电商运营中心，进一步提升了农业信息化的水平，不断发展智慧农业；农业县加快现代特色农业的发展，深化农业改革创新，不仅基本完成农业普查登记工作，落实粮食安全行政首长责任制，新增部分耕地，不停完善农田水利设施，不断提升农业的规模化和组织化程度，主要农产品稳定生产，保持继续领跑的局面，还建设省级农民专业合作示范社，狠抓优质稻种植等七类特色农业项目，实施12项高标准基本农田建设、粮食产能区增产模式、"五新"技术推广示范项目和农村"七个一"工程。农村电商网络初步形成，农资物流园项目、重点水利项目、"四绿"工程和"茶产业"等特色农业促进项目也在有序推进当中；生态县全面落实强农惠农富农政策，在夯实"三农"的基础上，向着做精现代农业的方向发展。不仅创设农业"五新"技术示范点，发展"公司+贫困户""合作社+贫困户"模式特色种养殖业，积极培育农业科技园区、农民专业合作社和家庭农场，完成国有林场改革，还改造生态茶园，建设茶旅小镇，实施茶产业创新及标准化质量管理体系，申报武夷岩茶中国特色农产品优势区，设立首个海外"武夷茶馆"，推进茶种质资源保护，使得茶产业向更好的方向发展（南平市政府工作报告，2015~2018年）。总体来看，与其他两个产业相比，第一产业更加优化。

（二）第二产业占 GDP 比重

表3-65和图3-60是南平市三类县历年第二产业占GDP比重的描述性统计。结果表明，2010~2013年，未取消县、农业县、生态县的该指标均值分别为45.65%、34.16%、33.80%；2015~2018年，上述三类县的均值

表 3 - 65　　　　　　　南平市三类县历年第二产业占 GDP 比重　　　　单位：%

县类别	2010 年	2011 年	2012 年	2013 年	均值 1	2014 年	2015 年	2016 年	2017 年	2018 年	均值 2
农业县	33.88	33.51	34.18	35.08	34.16	35.35	35.79	34.07	37.69	37.71	36.32
生态县	33.36	31.76	34.18	35.89	33.80	36.95	36.80	37.38	39.83	39.01	38.26
未取消县	44.02	44.64	46.41	47.52	45.65	48.39	47.00	45.60	48.58	48.94	47.53

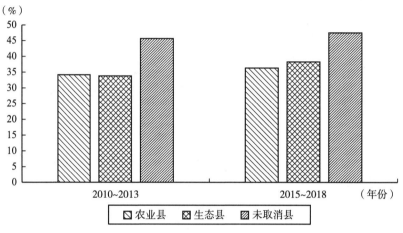

图 3 - 60　南平市三类县历年第二产业占 GDP 比重

分别为 47.53%、36.32%、38.26%。通过政策实施之前和之后的指标对比可以看出，三类县在政策实施之后，普遍有所提高，其中，生态县的增长幅度最大，为 13.20%；农业县的增长幅度次之，为 6.32%；未取消县的增长幅度最小，为 4.12%。以上表明，在政策实施之后，在工业发展水平方面，相比于未取消县来说，农业县和生态县的发展相对较快。具体来看，农业县加快工业平台建设，坚持突出突破工业，不仅积极开展补链招商，对接"五个一批"项目，实施总投资亿元以上重点工业项目、增资扩产项目、行动计划重大项目、南平市工业重点投资（技改）项目和基础设施建设项目，成立竹产业发展基金，加速扩张食品工业，还鼓励企业进行科技创新、不断发展、上市升级，因此，一批重点企业逆势发展，新增了许多规模以上食品企业，新型轻纺产业链也拉长做大，初步形成以"1+3"产业为引领、其他配套产业同步发展的格局；生态县在以保护生态环境为目标的前提下，大力推进绿色工业的发展，实体经济总量不断壮大，积极引导园区企业进行技改创新，推动其转型升级、做大做强，工业生产保持稳定增长的趋势。资质建筑业生产增长较快，主导产业进一步壮大。饮料、食品、酒和精制茶制造业、食品、农副食品加工业、纺织服装、木材加工主导产业经济效益不断提升，持续走高（南平市政府工作报告，2015～2018 年）。

（三）第三产业占 GDP 比重

表 3－66 和图 3－61 是南平市三类县历年第三产业占 GDP 比重的描述性统计。结果表明，2010～2013 年，未取消县、农业县、生态县的该指标均值分别为 33.47%、35.59%、46.64%；2015～2018 年，上述三类县的均值分别为 36.32%、37.08%、46.07%。通过政策实施之前和之后的指标对比可以看出，三类县在政策实施之后，未取消县和农业县略有上升，生态县与实施政策之前大致持平。但上升幅度最快的是未取消县，农业县和生态县原本第三产业占比就相对较高，可能受此影响，这两类县第三产业占比上升较慢。

表 3－66　　　　南平市三类县历年第三产业占 GDP 比重　　　单位：%

县类别	2010 年	2011 年	2012 年	2013 年	均值 1	2014 年	2015 年	2016 年	2017 年	2018 年	均值 2
农业县	35.87	36.03	35.15	35.32	35.59	35.47	35.50	36.45	37.57	38.78	37.08
生态县	47.59	48.05	45.54	45.37	46.64	45.08	45.76	45.24	45.99	47.28	46.07
未取消县	34.86	33.58	32.50	32.92	33.47	32.87	34.85	36.86	36.71	36.87	36.32

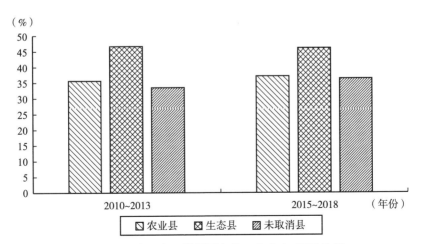

图 3－61　南平市三类县历年第三产业占 GDP 比重

具体来看，农业县不仅持续发展现代服务业，搭建农村电商服务平台，大力推进电子商务等新型产业，推动互联网经济的发展；还积极培育旅游产业，开展全市旅游总体规划修编，建设旅游服务设施，成功举办首届百年蔗旅游文化节、"斗茶赛"等旅游文化活动，洋口景区运营实行托管，实现南平市国有景区市场化运作零的突破；国家3A级、4A级景区等旅游重点项目也在有序推进当中，稳步推动了旅游产业的发展；生态县不仅丰富旅游产品，增配多个旅游公厕，建成智能手机移动终端等多个公共服务平台，扩容云河漂流项目，开展"低碳之旅·畅游武夷""万里茶道再出发"活动，推出极地海洋公园、珍宝馆等旅游项目；规范民宿行业，设立旅游巡回法庭，查处各类违法行为，组建旅游发展委员会、全省首支县级旅游警察大队，旅游秩序持续提升；深入实施智慧旅游"1369"工程，初步构建智慧旅游应用体系（南平市政府工作报告，2015～2018年）。

（四）小结

总体来看，在政策实施之后，三类县的第一产业占比下降，第二产业占比小幅上升，第三产业中，农业县和未取消县小幅上升，生态县基本持平。具体来看，与其他两类县相比，农业县第一产业的占比较高，经济增长主要受第二产业和第三产业双重拉动；生态县的经济增长来源以第三产业为主，第一产业和第二产业为辅；未取消县的经济增长主要受第二产业驱动，第三产业的贡献有所增加。因此，在政策实施之后，南平市农业县和生态县产业结构有所改善。

四、民生

本部分主要通过农村居民人均纯收入、卫生等指标，考察政策实施对民生产生的影响。

（一）农村居民人均纯收入

表3-67列示了南平市三类县历年农村居民人均纯收入在2010～2018年的相关数据。结合图3-62可以看出，2010～2013年，生态县农村居民人均纯收入的均值最高（9.62千元），未取消县次之（9.36千元），农业县最低（7.64千元）；而在2015～2018年，三类县农村居民人均纯收入平均值都有所

提升，提升幅度分别为 59.04%、61.54% 和 64.27%。综上所述，在政策实施之后，三类县当中，生态县的人均居民纯收入最高，农业县的人均居民纯收入上升最快。

表 3-67　　　　　　　　　南平市三类县历年农村居民人均纯收入　　　　　　单位：千元

县类别	2010 年	2011 年	2012 年	2013 年	均值 1	2014 年	2015 年	2016 年	2017 年	2018 年	均值 2
农业县	6.21	7.16	8.07	9.10	7.64	10.009	10.98	11.96	13.05	14.19	12.55
生态县	7.78	8.93	10.21	11.55	9.62	12.15	13.42	14.62	15.85	17.29	15.30
未取消县	7.47	8.74	9.91	11.3	9.36	12.03	13.27	14.42	15.72	17.08	15.12

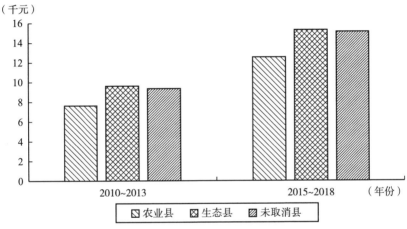

图 3-62　南平市三类县历年农村居民人均纯收入

（二）医院及卫生院床位数

表 3-68 和图 3-63 是南平市三类县历年医院及卫生院床位数的统计情况。从该图表可以看出，2010~2013 年，未取消县医院及卫生院床位数的均值为 41.19 张/万人，农业县的均值为 29.50 张/万人，生态县的均值为 30.22 张/万人；2015~2018 年，未取消县医院及卫生院床位数的均值为 60.69 张/万人，数量始终保持最高，生态县次之，均值为 48.10 张/万人，农业县最低，均值为 38.74 张/万人。可以看出，与政策实施之前相比，政策实施之后，三类县的每万人医院及卫生院床位数都有所提高，其中生态县上涨幅度最高，为 59.17%。

表 3 - 68　　　　　　南平市三类县历年医院及卫生院床位数　　　　单位：张/万人

县类别	2010 年	2011 年	2012 年	2013 年	均值1	2014 年	2015 年	2016 年	2017 年	2018 年	均值2
农业县	25.49	27.11	30.22	35.19	29.50	35.97	37.37	38.59	40.21	38.78	38.74
生态县	23.22	25.39	30.74	41.52	30.22	41.67	45.21	45.68	53.82	47.70	48.10
未取消县	39.75	43.62	42.84	38.53	41.19	46.91	62.63	65.64	58.61	55.87	60.69

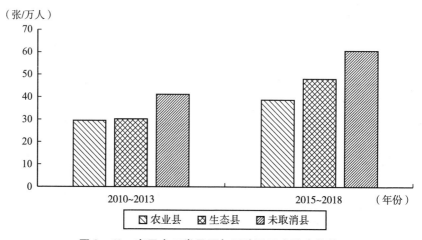

图 3 - 63　南平市三类县历年医院及卫生院床位数

（三）社会福利收养性单位数

表 3 - 69 和图 3 - 64 是南平市三类县历年社会福利收养性单位数的描述性统计。结果表明，2010～2013 年，未取消县、农业县、生态县的该指标均值分别为 0.54 个/万人、0.51 个/万人、0.70 个/万人；2015～2018 年，上述三类县的均值分别为 0.51 个/万人、0.63 个/万人、0.37 个/万人。在政策实施之后，农业县的该指标呈上升趋势（幅度为 23.53%），未取消县基本持平，生态县则呈下降趋势（幅度为 - 47.14%）。

表 3 - 69　　　　　　南平市三类县历年社会福利收养性单位数　　　　单位：个/万人

县类别	2010 年	2011 年	2012 年	2013 年	均值1	2014 年	2015 年	2016 年	均值2
农业县	0.50	0.49	0.52	0.51	0.51	0.54	0.61	0.65	0.63
生态县	0.70	0.70	0.70	0.70	0.70	0.71	0.33	0.41	0.37
未取消县	0.56	0.56	0.52	0.51	0.54	0.51	0.50	0.52	0.51

注：南平市 2017～2018 年该指标数据缺失，下同。

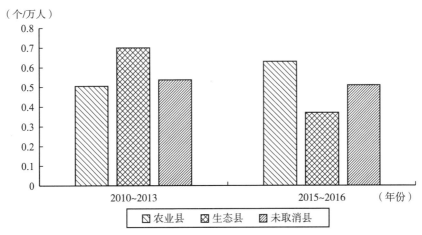

图 3 - 64　南平市三类县历年社会福利收养性单位数

（四）社会福利收养性单位床位数

表 3 - 70 列示了南平市三类县历年社会福利收养性单位床位数在 2010 ～ 2018 年的相关数据。结合图 3 - 65 可以看出，2010 ～ 2013 年，未取消县社会福利收养性单位床位数的均值最高（20.50 张/万人），农业县次之（18.72 张/万人），生态县最低（13.61 张/万人），表明其在社会福利方面还有较大的改善空间；而在 2015 ～ 2018 年，三类县社会福利收养性单位床位数的均值都有了较大提升，提高幅度分别为 69.66%、82.91%、153.56%。相对于未取消县而言，农业县和生态县提升幅度更快，表明在政策实施之后，两类县更加注重社会福利方面的改善。

表 3 - 70　　　　南平市三类县历年社会福利收养性单位床位数　　　　单位：张/万人

县类别	2010 年	2011 年	2012 年	2013 年	均值1	2014 年	2015 年	2016 年	均值2
农业县	13.36	18.31	21.84	21.35	18.72	21.90	35.30	33.18	34.24
生态县	13.61	13.61	13.61	13.61	13.61	29.83	43.33	25.68	34.51
未取消县	16.23	17.44	23.90	24.41	20.50	26.98	40.08	37.48	38.78

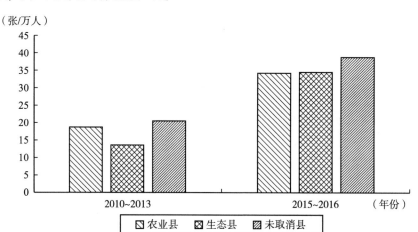

图 3-65　南平市三类县历年社会福利收养性单位床位数

（五）小结

综上所述，在政策实施之后，除了生态县每万人社会福利收养性单位数有所下降以外，三类县的其他各民生指标均呈现上升趋势，且农业县和生态县的多项指标呈快速增长趋势。具体来看，农业县不仅加快了医药卫生体制改革步伐，实行乡村卫生服务一体化管理运作，组建以县医院为龙头的县域紧密型医共体，新增妇产科和儿科床位，设置乡村一体化管理村卫生所，医疗卫生服务水平稳步提升；持续提升人均收入，增加劳动收入，开发公益性岗位，鼓励贫困村因地制宜发展特色产业，缩小城乡差距，引导贫困户到城镇集中安置并就业，促进长期稳定脱贫，进一步完善社会保障体系，城乡居民低保扩面提标，实现应保尽保；生态县不仅深化医药卫生体制改革，全面改造完成乡镇卫生院，组建公立总医院，提升卫计服务水平，建成区域医疗卫生信息化平台，进行分级诊疗、医联体建设，实施世行贷款医改促进项目、中医院康复楼项目，成立妇幼保健、疾病控制、医疗质量监管"三大中心"，完成村级卫生所一体化建设，使得改革取得阶段性成效，功能更清晰，服务更专业，还不断提高居民人均可支配收入占比，增加劳动收入，新增城镇就业、转移农村劳动力，缩小城乡居民收入差距，开展就业扶贫，加大投入扶残助残、帮扶计生特殊家庭，实现建档立卡贫困户稳定脱贫，加强社会保障，提高城乡居民养老保障标准，完成农村低保标准提标（南平市政府工作报告，2015～2018年）。

五、本节小结

本节以南平市各县（市）作为研究对象，重点分析了取消 GDP 考核对于经济增长、经济结构、产业结构、民生的影响，最后得出如下结论。

1. 农业县。在政策实施之后，从经济增长方面来看，历年平均 GDP 增长率和历年人均 GDP 增长率大幅下降，但历年平均 GDP 和历年人均 GDP 大幅上升；从经济结构来看，历年固定资产投资（不含农户）占 GDP 的比重和历年社会消费品零售总额占 GDP 的比重都大幅上升；从产业结构来看，有一定程度优化，主要表现在第二产业占比和第三产业占比都小幅上升，第一产业占比大幅下降；从民生来看，有明显改善，主要是因为历年农村居民人均纯收入、历年医院及卫生院床位数和历年社会福利收养性单位数、床位数都大幅上升。

2. 生态县。在政策实施之后，从经济增长方面来看，历年平均 GDP 增长率和历年人均 GDP 增长率都大幅下降，但历年平均 GDP 和历年人均 GDP 都大幅上升；从经济结构来看，历年固定资产投资（不含农户）占 GDP 的比重大幅上升，但历年社会消费品零售总额占 GDP 的比重小幅下降；从产业结构来看，有一定程度优化，主要是因为虽然第二产业占比大幅上升，但第一产业占比大幅下降，第三产业占比基本持平；从民生来看，有一定程度的改善，具体来看，虽然历年社会福利收养性单位数有所下降，但历年农村居民人均纯收入、历年医院及卫生院床位数和历年社会福利收养性单位床位数都大幅上升。

综上所述，南平市农业县和生态县还存在以下几点不足：（1）虽然消费占比大幅上升，经济结构有一定的改善，但农业县和生态县仍更多地靠固定资产投资来拉动经济增长；（2）农业县和生态县应进一步加大第三产业的发展力度。

第七节 泉 州 市

泉州下辖的七个县（市）中，2014 年之后，未取消 GDP 考核有四个县（市），分别是惠安县、晋江市、南安市和石狮市（以下简称未取消县），取消

GDP 考核的三个县（市）均属于重点生态功能区，分别是安溪县、永春县和德化县（以下简称未取消县）。如表 3 – 71 所示。

表 3 – 71　　　　　　　　泉州市取消 GDP 考核县（市）情况

类别		县（市）名称
取消 GDP 考核	农产品主产区	无
	重点生态功能区	安溪县、永春县、德化县
未取消 GDP 考核		惠安县、晋江市、南安市、石狮市

一、经济增长

本部分将通过历年 GDP、历年 GDP 增长率、历年人均 GDP 和历年人均 GDP 增长率等指标，考察取消 GDP 考核这一政策的实施对经济增长产生的影响。

（一）地区生产总值

如表 3 – 72 和图 3 – 66 所示，泉州市两类县的 GDP 在 2010～2018 年发生了巨大的变化。从图 3 – 66 可以看出，2010～2013 年，未取消县的 GDP 均值为 725.43 亿元，生态县的 GDP 均值为 241.01 亿元；2015～2018 年，两类县的该指标均值分别为 1122.71 亿元和 354.38 亿元。可以得出，在 2014 年政策实施之后，未取消县和生态县的平均地区生产总值均有所上升，幅度分别为 47.04% 和 54.76%。

表 3 – 72　　　　　　　　泉州市两类县历年 GDP　　　　　　　单位：亿元

县类别	2010 年	2011 年	2012 年	2013 年	均值 1	2014 年	2015 年	2016 年	2017 年	2018 年	均值 2
生态县	192.87	239.26	266.04	265.85	241.01	290.20	304.14	330.10	369.90	413.36	354.38
未取消县	540.19	729.35	816.18	816.01	725.43	900.88	972.46	1041.32	1170.21	1306.84	1122.71

资料来源：各类县历年数据根据附录《泉州市各县基本指标》算数平均所得；均值 1 为 2010～2013 年各类县数据的平均值，均值 2 为 2015～2018 年各类县数据的平均值。下同。

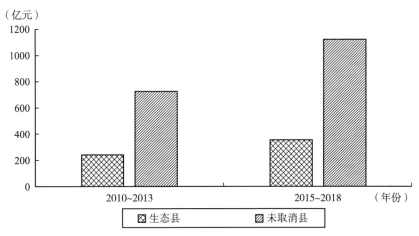

（亿元）

图 3 - 66　泉州市两类县历年 GDP

注：2010 ~ 2013 年各类县柱形图根据表 3 - 73 中均值 1 绘制，2015 ~ 2018 年各类县柱形图根据均值 2 绘制。下同。

（二）地区生产总值增长率

表 3 - 73 列示了在 2010 ~ 2018 年泉州市两类县 GDP 增长率的相关数据。结合图 3 - 67 可以看出，2010 ~ 2013 年，未取消县平均 GDP 增长率较高，达到了 15.61%，生态县次之，数值为 14.31%；而在 2015 ~ 2018 年，未取消县和生态县平均 GDP 增长率呈现明显下降趋势，降幅分别为 - 39.21% 和 - 34.17%。可以得出，生态县的平均 GDP 增长率逐渐追平未取消县。

表 3 - 73　　　　　　泉州市两类县历年 GDP 增长率　　　　　单位：%

县类别	2010 年	2011 年	2012 年	2013 年	均值 1	2014 年	2015 年	2016 年	2017 年	2018 年	均值 2
生态县	17.50	27.65	12.15	- 0.06	14.31	9.50	5.33	8.08	12.51	11.74	9.42
未取消县	15.04	35.40	12.03	- 0.02	15.61	10.73	7.73	6.87	12.03	11.31	9.49

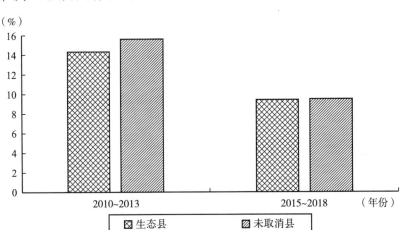

图 3-67　泉州市两类县历年 GDP 增长率

(三) 人均地区生产总值

下页图表清楚地揭示了 2010～2018 年泉州市两类县人均 GDP 的变化。如图 3-68、表 3-74 所示，2010～2013 年，未取消县和生态县的该指标均值分别

表 3-74　　　　　　　　泉州市两类县历年人均 GDP　　　　　　　　单位：万元

县类别	2010 年	2011 年	2012 年	2013 年	均值 1	2014 年	2015 年	2016 年	2017 年	2018 年	均值 2
生态县	3.01	3.82	4.28	4.22	3.83	4.52	4.77	5	5.64	6.23	5.41
未取消县	6.86	9.27	10.41	10.32	9.22	11.17	11.93	12.4	13.86	15.03	13.31

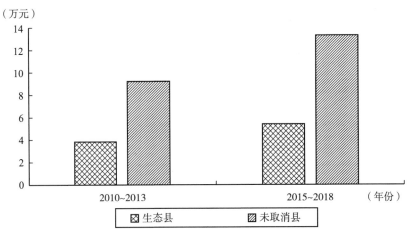

图 3-68　泉州市两类县人均 GDP

为9.22万元和3.83万元；2015～2018年，上述两类县的均值分别为13.31万元和5.41万元。通过对比可以得出，两类县在政策实施之后，人均GDP普遍有所提高。

（四）人均地区生产总值增长率

表3－75和图3－69展示了泉州市在2010～2018年两类县人均GDP增长率的相关数据。2010～2013年，未取消县人均GDP增长率较高，生态县较低；而在2015～2018年，在政策实施之后，未取消县和生态县的人均GDP增长率均明显下降，幅度分别为－45.42%和－37.48%，且生态县的该指标超越未取消县。

表3－75　　　　　　　泉州市两类县历年人均GDP增长率　　　　　单位：%

县类别	2010年	2011年	2012年	2013年	均值1	2014年	2015年	2016年	2017年	2018年	均值2
生态县	17.12	26.42	11.64	－1.51	13.42	6.84	5.33	5.18	12.50	10.56	8.39
未取消县	14.20	35.21	11.53	－1.06	14.97	8.30	6.92	4.58	12.03	9.14	8.17

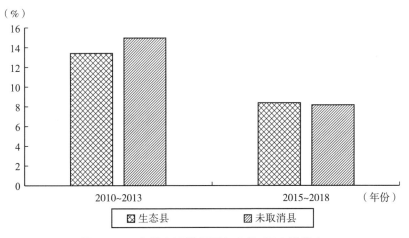

图3－69　泉州市两类县历年人均GDP增长率

（五）小结

综上所述，通过政策实施前后的数据对比可以发现，从绝对值指标来看，两类县的平均GDP和人均GDP在政策实施之后均呈上升趋势。但是从增长率指标来看，两类县的两个增长率指标在政策实施之后均存在不同程度的明显下降，未取消县的下降幅度较高，生态县下降幅度较小。从生态县和未取消县的对比看来，无论是政策实施之前还是之后，生态县GDP和人均GDP的规模均远低于未取消县，但是在政策实施之后，生态县的 GDP 增长率与未取消县基本持平，人均 GDP 增长率反超未取消县。说明在政策实施之后，尽管生态县的经济总量还落后于未取消县，但是经济增长速度已经超过了未取消县。

二、经济结构

本部分将通过固定资产投资（不含农户）和社会消费品零售总额指标，考察取消 GDP 考核这一政策的实施对经济结构产生的影响。

（一）固定资产投资占 GDP 比重

表 3 - 76、图 3 - 70 清楚地描述了泉州市两类县固定资产投资（不含农户）占 GDP 比重在 2010～2018 年的变化。如图 3 - 70 所示，对比政策实施之前（2010～2013 年）和之后（2015～2018 年），未取消县和生态县的固定资产投资（不含农户）占 GDP 比重均呈现快速上升趋势，其中，未取消县的该指标均值涨幅为 20.96%。生态县的涨幅更大，为 37.99%。

表 3 - 76　　　两类县历年固定资产投资（不含农户）占 GDP 比重　　　单位：%

县类别	2010 年	2011 年	2012 年	2013 年	均值 1	2014 年	2015 年	2016 年	2017 年	2018 年	均值 2
生态县	18.76	30.70	39.38	46.37	33.80	53.31	55.53	55.92	56.36	18.76	46.64
未取消县	28.70	41.51	51.72	52.65	43.65	57.32	59.57	60.20	62.72	28.70	52.80

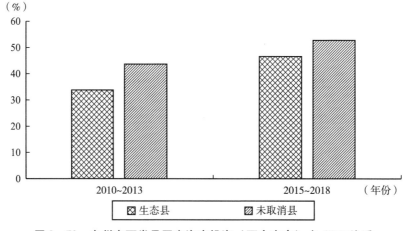

图 3 - 70　泉州市两类县固定资产投资（不含农户）占 GDP 比重

从生态县的政府工作报告可知，2015～2018 年，生态县的美丽乡村建设取得成效，生态环境日渐优美，旅游行业日渐完善。具体来看，生态县主要进行了如下投资：（1）进一步推进生态文明建设，切实改善小流域水环境质量，实施浐溪流域清水工程，开展"赛水质"等相关活动。（2）抓好 15 个省级"千村整治、百村示范"示范村、7 个市级环境整治村、2 个宜居示范村、2 条景观带建设，时刻抓住"绿水青山就是金山银山的环保理念"。（3）李光地故居文化广场、博物馆以及龙门文化走廊、官桥河滨休闲大道（二期）等旅游景点建设完成；另外，大力开展美丽乡村建设项目，宜居环境建设项目。（4）累计投资 2500 万元实施桃溪（冷水坝—东关大桥）整治工程，建设水线慢道 3.6 千米，铺设彩色沥青 3 千米，并完成两岸的装饰美化；累计投资 1200 万元完成湖洋溪（内、外碧段）防洪工程建设（泉州市政府工作报告，2015～2018 年）。综上所述，在政策实施之后，生态县积极利用产业优势，加大了对于农业和生态基础设施的投入，为将来积极利用比较优势、可持续发展经济打下了坚实基础。

（二）社会消费品零售总额占 GDP 比重

此处整理了泉州市两类县社会消费品零售总额占 GDP 比重在 2010～2018 年的相关数据，具体见表 3－77 和图 3－71。可以看出，与政策实施之前相比，在政策实施之后，未取消县的该指标均值增幅较多，增幅为 21.54%，生态县增幅较小，增幅为 16.63%。这表明在政策实施之后，各县的经济结构都存在一定程度的优化，但相对于未取消县，生态县的社会消费品零售总额占 GDP 比重仍然较低。以上说明，生态县依靠消费拉动经济的结构仍有待提高，这可能与生态县原本经济发展水平相对薄弱有关。

表 3－77 　　　　　　　两类县历年社会消费品零售总额占 GDP 比重 　　　　　单位：%

县类别	2010 年	2011 年	2012 年	2013 年	均值 1	2014 年	2015 年	2016 年	2017 年	2018 年	均值 2
生态县	30.46	28.34	29.08	32.82	30.18	33.51	35.41	34.58	34.07	36.74	35.20
未取消县	35.74	29.57	32.33	36.78	33.61	37.71	39.30	41.00	41.30	41.78	40.85

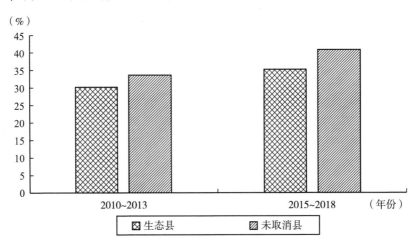

图 3 - 71　泉州市两类县社会消费品零售总额占 GDP 比重

（三）小结

根据以上分析可知，在政策实施之后，泉州市两类县固定资产投资占比和社会消费品零售总额占比均呈现不同幅度的上涨。但是，两类县经济增长主要依靠固定资产投资拉动的基本格局不变，消费对经济增长贡献的比重有所增加。说明各类县的经济结构在政策实施之后有所改善。

三、产业结构

本部分通过第一产业、第二产业、第三产业分别占 GDP 的比重，来分析取消 GDP 考核政策对于产业结构的影响。

（一）第一产业占 GDP 比重

表 3 - 78 展示了泉州市两类县第一产业占 GDP 比重在 2010～2018 年的变化。结合图 3 - 72 可以看出，2010～2013 年，未取消县第一产业占 GDP 比重的均值较低，为 4.54%，生态县第一产业占 GDP 比重均值较高，为 7.73%；而在 2015～2018 年，未取消县和生态县的该指标均值在政策实施之后有所下降，幅度分别是 - 25.33% 和 - 14.10%。未取消县的下降幅度最大，主要是因为在政策取消之后，未取消县大力发展设施农业，具体来看：（1）建成农业部花生高产示范片、省级早中稻高产示范片和市级马铃薯高产示范片各 3 个，在

福建省引起了广泛关注，进一步加强省内高品质粮食的制造县地位；（2）启动建设海洋生物食品园，推进祥芝、东埔、永宁渔港经济区建设；（3）建成远洋渔业深沪作业区，为规模化、产业化发展远洋渔业打下基础。在此期间，生态县在此方面也不甘示弱：（1）深化现代农业发展竞赛活动，加快道畖农业科技项目建设，打造现代高效生态循环农业示范园。（2）贯彻落实"人才港湾"计划，人才经费提高了 700 余万元；推进现代农业示范区建设，建设芦柑基地、辣木基地、冬瓜基地、生态茶园基地、新建小龙虾和毛蟹养殖基地 3000 多余亩。（3）成立东关镇水仙茶产业协会，引导茶农抱团发展、扩大规模、提升品质；引导云河农业加强与科研院校合作，促进农业向专业方向逐渐转型（泉州市政府工作报告，2015~2018 年）。

表 3 - 78　　　　　泉州市两类县历年第一产业占 GDP 比重　　　单位：%

县类别	2010 年	2011 年	2012 年	2013 年	均值 1	2014 年	2015 年	2016 年	2017 年	2018 年	均值 2
生态县	8.12	7.83	7.74	7.24	7.73	7.11	6.85	6.96	6.59	6.14	6.64
未取消县	5.09	4.73	4.35	3.99	4.54	3.61	3.51	3.61	3.35	3.10	3.39

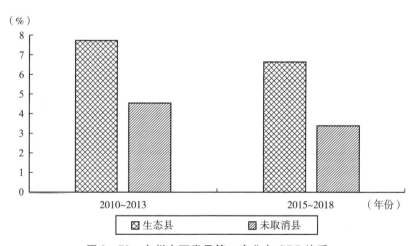

图 3 - 72　泉州市两类县第一产业占 GDP 比重

（二）第二产业占 GDP 比重

表 3 - 79 和图 3 - 73 是泉州市两类县第二产业占 GDP 比重的描述性统计。整体上来看，在 2010~2018 年这个区间，两类县第二产业占 GDP 比重呈现下

降趋势。2010～2013 年，未取消县、生态县的该指标均值分别为 60.60% 和 55.14%；2015～2018 年，上述两类县的均值分别为 58.72% 和 54.00%。通过政策实施之前和之后的指标对比可以得出，这两类县在政策实施之后，该指标普遍有所下降，其中未取消县下降了 -3.10%，生态县下降了 -2.07%。

表 3-79 泉州市两类县历年第二产业占 GDP 比重 （单位：%）

县类别	2010 年	2011 年	2012 年	2013 年	均值 1	2014 年	2015 年	2016 年	2017 年	2018 年	均值 2
生态县	55.41	54.79	54.51	55.86	55.14	55.94	54.24	52.32	55.25	54.18	54.00
未取消县	61.32	57.96	61.26	61.85	60.60	61.33	59.64	57.11	59.5	58.64	58.72

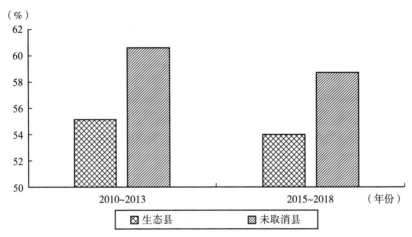

图 3-73 泉州市两类县第二产业占 GDP 比重

（三）第三产业占 GDP 比重

表 3-80 和图 3-74 描述了泉州市两类县第三产业占 GDP 比重在 2010～2018 年的变化。从表 3-80 可以看出，2010～2013 年，未取消县的第三产业占 GDP 比重均值为 36.00%，生态县为 37.13%；2015～2018 年，未取消县的第三产业占 GDP 比重均值为 38.73%，生态县为 39.37%。可以看出，与政策实施之前相比，两类县的第三产业占比均有所上升，未取消县的增幅较大，为 7.58%，这主要是晋江和石狮两市第三产业发展较快所致，生态县的增幅次之，为 6.03%。

表 3-80　　　　　　　　泉州市两类县第三产业占 GDP 比重　　　　　　　单位：%

县类别	2010 年	2011 年	2012 年	2013 年	均值 1	2014 年	2015 年	2016 年	2017 年	2018 年	均值 2
生态县	36.47	37.38	37.75	36.90	37.13	36.95	38.91	40.71	38.16	39.68	39.37
未取消县	34.86	38.50	35.48	35.16	36.00	35.96	37.72	40.18	37.99	39.03	38.73

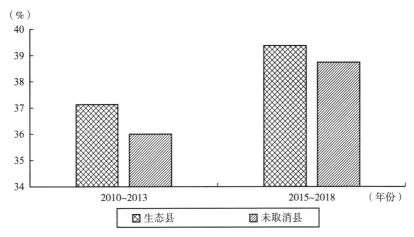

图 3-74　泉州市两类县第三产业占 GDP 比重

具体来看，在政策实施之后：晋江市人民政府提出了关于进一步推动商贸物流业加快发展若干措施，在 2016 年，传化公路港、顺丰物流开业运营。中铁快运、德邦等 15 家国内知名物流企业区域总部落户晋江。2017 年，推进第三产业重点项目 150 个，鞋纺城、菜鸟物流等平台投用，获批设立国际邮件互换局兼交换站；石狮市在滨海旅游方面，组建首支市情讲解员队伍，引进佳龙文旅、禾禾沂家影视产业基地、海洋生物博物馆等文旅项目，推出 10 条常规精品线路，完成了对旅游行业发展的短期规划。

而生态县相对比而言，在发展第二产业的同时也侧重第三产业发展优势，比如，总投资 30 亿元联手新奥北部湾旅游上市公司打造海丝茶源（安溪）文化旅游项目，加快推进铁观音文化小镇、大龙湖水上旅游、铁观音展示中心、海峡两岸文创美食园等首期项目（泉州市政府工作报告，2015～2018 年）。

（四）小结

总体来看，无论是生态县还是未取消县，其产业布局均以第二产业为主，第三产业为辅,第一产业占 GDP 比重较小,均在 10% 以下。在政策实施之后,两类县均表现为第一产业和第二产业占比下降,第三产业占比上升,且生态县第三产业占比高于未取消县。

四、民生

通过下列数据的分析,本部分主要考察取消 GDP 考核这一政策是否能促进地方民生的改善。

(一) 农村居民人均纯收入

此处整理了泉州市两类县农村居民人均纯收入平均值在 2010 ~ 2018 年的相关数据,具体见表 3 – 81 和图 3 – 75。可以看出,与政策实施之前相比,在政策实施之后,未取消县农村居民人均纯收入增幅较多,增幅为 7290 元,生态县次之,增幅为 4670 元。

表 3 –81　　　　　　　泉州市两类县历年农村居民人均纯收入　　　　单位:千元

县类别	2010 年	2011 年	2012 年	2013 年	均值1	2014 年	2015 年	2016 年	2017 年	2018 年	均值2
生态县	7. 86	8. 86	9. 98	11. 18	9. 47	11. 49	12. 51	13. 51	14. 62	15. 93	14. 14
未取消县	10. 54	12. 01	13. 54	15. 18	12. 82	16. 17	17. 64	19. 14	20. 89	22. 75	20. 11

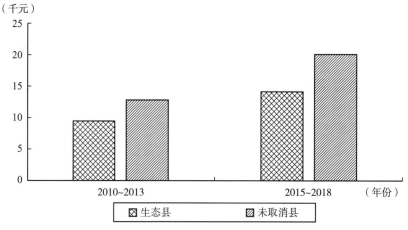

图 3 –75　泉州市两类县农村居民人均纯收入

（二）医院及卫生院床位数

表 3－82 和图 3－76 是泉州市两类县医院及卫生院床位数在 2010～2018 年的统计情况。从该图表可以看出，2010～2013 年，未取消县的医院及卫生院床位数均值为 33.11 张/万人，生态县的该指标为 20.85 张/万人；2015～2018 年，未取消县的医院及卫生院床位数均值为 38.49 张/万人，生态县的医院及卫生院床位数均值为 30.74 张/万人。可以看出，与政策实施之前相比，在政策实施之后，未取消县和生态县的医院及卫生院床位数平均值均有所上升，分别上升了 5.38 张/万人和 9.89 张/万人。其中，生态县上升得比较突出。

表 3－82　　　　　　　泉州市两类县历年医院及卫生院床位数　　　　　　单位：张/万人

县类别	2010 年	2011 年	2012 年	2013 年	均值 1	2014 年	2015 年	2016 年	均值 2
生态县	19.60	19.29	20.98	23.51	20.85	24.44	26.58	34.89	30.74
未取消县	28.94	32.46	35.59	35.46	33.11	37.03	37.89	39.09	38.49

注：泉州市 2017～2018 年该指标数据缺失，下同。

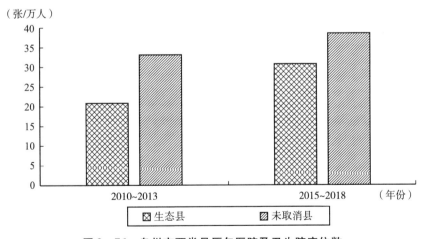

图 3－76　泉州市两类县历年医院及卫生院床位数

（三）社会福利收养性单位数

表 3－83 列示了泉州市两类县社会福利收养性单位数在 2010～2018 年发

生的有关变化。结合图 3 - 77 可以看出，2010～2013 年，未取消县社会福利收养性单位数最低，为 0.12 个/万人，生态县最高，为 0.27 个/万人；而在 2015～2018 年，在政策实施之后，未取消县和生态县每万人社会福利收养性单位数均上升，分别上升了 0.06 个/万人和 0.1 个/万人，生态县上升数量较为显著。

表 3 - 83　　　　　　泉州市两类县历年社会福利收养性单位数　　　　单位：个/万人

县类别	2010 年	2011 年	2012 年	2013 年	均值 1	2014 年	2015 年	2016 年	均值 2
生态县	0.20	0.24	0.29	0.35	0.27	0.35	0.37	0.36	0.37
未取消县	0.08	0.09	0.14	0.15	0.12	0.16	0.17	0.19	0.18

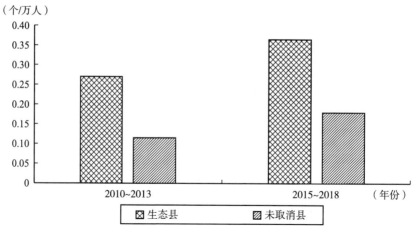

图 3 - 77　泉州市两类县历年社会福利收养性单位数

（四）社会福利收养性单位床位数

此处整理了泉州市两类县社会福利收养性单位数平均值在 2010～2018 年的相关数据。可以看出，与政策实施之前相比，在政策实施之后，未取消县社会福利收养性单位数平均值增幅最多，增幅为 8.71 个/万人，增长率为 66.03%，而生态县增幅相对较低，增幅为 3.92 个/万人，增长率为 32.10%。具体如表 3 - 84、图 3 - 78 所示。

表 3 - 84 　　　　　　泉州市两类县历年社会福利收养性单位床位数　　　　单位：个/万人

县类别	2010 年	2011 年	2012 年	2013 年	均值 1	2014 年	2015 年	2016 年	均值 2
生态县	8.53	12.68	13.47	14.17	12.21	16.15	16.37	15.89	16.13
未取消县	8.11	10.55	15.75	18.33	13.19	15.33	21.27	22.52	21.90

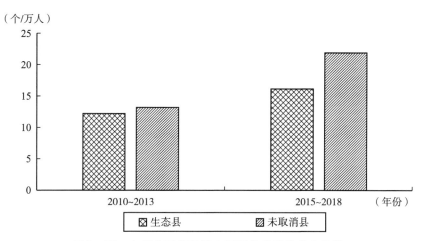

图 3 - 78　泉州市两类县社会福利收养性单位床位数

（五）小结

综上所述，在取消 GDP 考核之后，泉州市两类县农村居民人均纯收入和卫生方面均呈现不同幅度的提高态势。具体来看，从涨幅来看，生态县的医院及卫生院床位数涨幅高于未取消县，但其他指标涨幅均低于未取消县。从绝对值来看，生态县社会福利收养性单位数高于未取消县，但其他指标仍与未取消县存在差距。尽管生态县在收入、民生等方面低于未取消县，但生态县在 2015～2018 年却大力推行了相关举措，如下：（1）实施卫计人才"千百十"培养计划，大力推进医疗卫生人才引入；（2）加大养老保障力度，完善居家养老信息化平台，让老人老有所依，老有所养；（3）投资亿元进行县级医院、保健院进行拆迁搬改，新增大量床位，让医疗设施更新换代，极大促进医疗工作进步；（4）推进计生服务管理改革，全面开展"二胎政策"，保障体系逐步完善；（5）加强劳动技能培训，城镇新增就业人数倍数增长；（6）加大"五险一金"扩面征缴，新农合参合率和城乡居民养老保险参保率均达到 95% 以上（泉州市政府工作报告，2015～2018 年）。

五、本节小结

本节首先通过分析取消 GDP 考核县市和未取消 GDP 考核县市的经济增长、经济结构、产业结构、民生指标，对生态县 2014 年前后各项指标变化的对比以及同未取消县进行比较，考察取消 GDP 考核政策在泉州市的实际效果。具体得出如下研究结论。

生态县在政策实施之后，从经济增长方面来看，地区生产总值、人均地区生产总值小幅上升，地区生产总值增长率、人均地区生产总值增长率小幅下降；从经济结构来看，有明显改善，这主要得益于固定资产投资（不含农户）占 GDP 的比重大幅上升，社会消费品零售总额占 GDP 的比重小幅上升；从产业结构来看，有一定程度优化，具体来看，第一产业占 GDP 比重、第二产业占 GDP 比重基本持平，第三产业占 GDP 比重小幅上升；从民生来看，有明显改善，主要是因为农村居民人均纯收入、医院及卫生院床位数、社会福利收养性单位数和社会福利收养性单位床位数大幅上升。综上所述，生态县相较于未取消县在发展过程中，虽然自从政策实施之后，产业结构略微有所调整，但距离具体发展要求还有差距。

第八节　漳　州　市

漳州市下辖 9 个县（市），2014 年之后，共有 4 个县（市）取消了考核，其中属于农产品主产区的县（市）是长泰县、南靖县、平和县（以下简称农业县），属于重点生态功能区的有华安县（以下简称生态县），未取消 GDP 考核的有五个县（市），分别是东山县、龙海市、云霄县、漳浦县、诏安县（以下简称未取消县）。如表 3 – 85 所示。

表 3 – 85　　　　　　漳州市取消 GDP 考核县（市）情况

类别		县（市）名称
取消 GDP 考核	农产品主产区	长泰县、南靖县、平和县
	重点生态功能区	华安县
未取消 GDP 考核		东山县、龙海市、云霄县、漳浦县、诏安县

一、经济增长

本部分计算了漳州市各县的历年 GDP 和历年 GDP 增长率，以及历年人均 GDP 和历年人均 GDP 增长率，考察取消 GDP 考核这一政策是否促进了县域经济的增长。

（一）地区生产总值

表 3 – 86 和图 3 – 79 是漳州市三类县历年 GDP 的描述性统计。结果表明，2010～2013 年，未取消县、农业县、生态县的该指标均值分别为 198.32 亿元、134.04 亿元、68.95 亿元；2015～2018 年，上述三类县的均值分别为 342.12 亿元、231.25 亿元、125.49 亿元。通过政策实施之前和之后的指标对比可以看出，三类县在政策实施之后，普遍有所提高，增长幅度分别为 72.51%、72.52% 和 82.00%，其中生态县的涨幅最多，农业县涨幅次之，未取消县涨幅最低。

表 3 – 86 　　　　　　　　漳州市三类县历年 GDP 　　　　　　　　单位：亿元

县类别	2010 年	2011 年	2012 年	2013 年	均值 1	2015 年	2016 年	2017 年	2018 年	均值 2
农业县	91.30	136.27	154.38	154.20	134.04	190.44	215.69	243.47	275.41	231.25
生态县	43.31	70.97	80.80	80.71	68.95	104.66	119.18	131.48	146.64	125.49
未取消县	152.89	169.47	235.52	235.39	198.32	292.47	328.46	370.36	377.17	342.12

资料来源：各类县历年数据根据附录《漳州市各县基本指标》算数平均所得；均值 1 为 2010～2013 年各类县数据的平均值，均值 2 为 2015～2018 年各类县数据的平均值。下同。

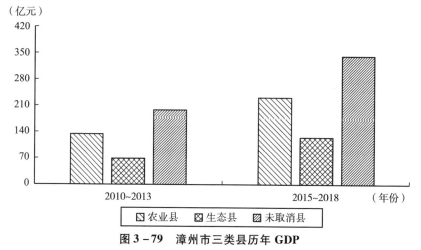

图 3 – 79 　漳州市三类县历年 GDP

注：2010～2013 年各类县柱形图根据表 3 – 86 中的均值 1 绘制，2015～2018 年各类县柱形图根据均值 2 绘制。下同。

（二）地区生产总值增长率

表 3 - 87 和图 3 - 80 是漳州市三类县历年 GDP 增长率的描述性统计。结果表明，2010 ~ 2013 年，未取消县、农业县、生态县的该指标均值分别为 19.00%、21.55%、24.62%；2015 ~ 2018 年，上述三类县的均值分别为 12.48%、12.06%、12.87%，基本处于同水平。通过政策实施前后的对比可以发现，三类县在政策实施之后，降幅明显，下降幅度分别为 - 34.32%、- 44.04% 和 - 47.73%。

表 3 - 87 　　　　　　　　　漳州市三类县历年 GDP 增长率　　　　　　　　单位：%

县类别	2010 年	2011 年	2012 年	2013 年	均值 1	2015 年	2016 年	2017 年	2018 年	均值 2
农业县	22.90	50.09	13.34	- 0.12	21.55	9.38	13.20	12.40	13.25	12.06
生态县	20.87	63.88	13.85	- 0.11	24.62	15.74	13.87	10.33	11.53	12.87
未取消县	22.44	39.81	13.82	- 0.06	19.00	11.10	12.72	12.69	13.41	12.48

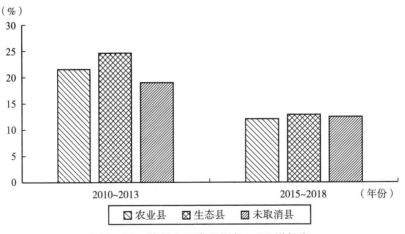

图 3 - 80　漳州市三类县历年 GDP 增长率

（三）人均地区生产总值

表 3 - 88 和图 3 - 81 是漳州市三类县历年人均 GDP 的描述性统计。结果表明，2010 ~ 2013 年，未取消县、农业县、生态县的该指标均值分别为 3.63 万元、4.25 万元、4.21 万元；2015 ~ 2018 年，上述三类县的均值分别为 5.87

万元、7.18 万元、7.48 万元。以上数据表明，在政策实施之后，三类县的该指标均呈上升趋势，其中生态县增长幅度最高，为 77.67%；农业县次之，为 68.94%；未取消县最小，为 61.71%。

表 3 – 88　　　　　　　　　漳州市三类县历年人均 GDP　　　　　　　　单位：万元

县类别	2010 年	2011 年	2012 年	2013 年	均值 1	2015 年	2016 年	2017 年	2018 年	均值 2
农业县	2.84	4.34	4.95	4.87	4.25	5.86	6.60	7.62	8.62	7.18
生态县	2.71	4.33	5.05	4.75	4.21	6.16	7.04	7.92	8.78	7.48
未取消县	2.68	3.67	4.10	4.07	3.63	4.90	5.41	6.20	6.96	5.87

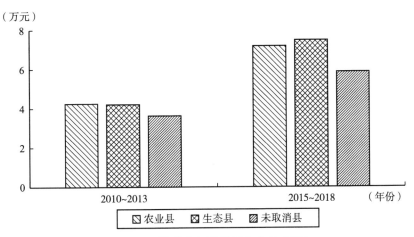

图 3 – 81　漳州市三类县历年人均 GDP

（四）人均地区生产总值增长率

表 3 – 89 和图 3 – 82 是漳州市三类县历年人均 GDP 增长率的描述性统计。结果表明，2010 ~ 2013 年，未取消县、农业县、生态县的该指标均值分别为 18.59%、21.05%、22.86%；2015 ~ 2018 年，上述三类县的均值分别为 12.33%、12.63%、13.36%。以上数据表明，在政策实施之后，三类县的该指标降幅皆较大，其中生态县下降幅度最高，为 – 41.56%；农业县次之，为 – 40.00%；未取消县最小，为 – 33.67%。

表3-89　　　　　　　　漳州市三类县历年人均GDP增长率　　　　　　单位：%

县类别	2010年	2011年	2012年	2013年	均值1	2015年	2016年	2017年	2018年	均值2
农业县	22.72	50.27	13.35	-2.16	21.05	7.53	12.47	18.21	12.32	12.63
生态县	20.98	59.78	16.63	-5.94	22.86	15.79	14.29	12.50	10.86	13.36
未取消县	23.73	38.07	13.27	-0.73	18.59	9.60	10.20	17.06	12.47	12.33

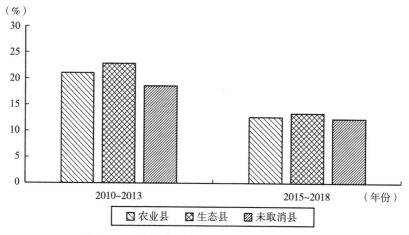

图3-82　漳州市三类县历年人均GDP增长率

（五）小结

综上所述，通过政策实施之前和之后的对比，从绝对值指标来看，三类县的平均GDP和平均人均GDP在政策实施之后均有所上升，但是增长率的两个指标在政策实施之后均表现为下降趋势。值得注意的是，农业县和生态县的GDP总量与未取消县相比差距较大，但是人均GDP及其增长率均高于未取消县，呈快速增长的态势。

二、经济结构

本部分计算了漳州市各县的固定资产投资（不含农户）占GDP的比重以及社会消费品零售总额占GDP的比重，考察取消GDP考核这一政策对于地方经济结构的影响。

（一） 固定资产投资占 GDP 比重

表 3 - 90 列示了漳州市三类县历年固定资产投资（不含农户）占 GDP 比重在 2010 ~ 2018 年的相关数据。结合图 3 - 83 可以看出，2010 ~ 2013 年，生态县的固定资产投资（不含农户）占 GDP 比重的均值最高，农业县次之，未取消县最低；而在 2015 ~ 2018 年，未取消县和农业县的固定资产投资（不含农户）占 GDP 比重的均值有了较大的提升，上升的幅度分别为 59.35%、42.09%，生态县却在政策实施之后有所下降，下降的幅度为 - 14.72%，可能是因为取消 GDP 考核后，政府将更多的资金投入到生态建设上，从 2015 年以来，绿化造林每年都达到了两万亩以上，对水土流失问题也进行了相应治理，更是投资建设沙建等 3 个示范乡镇和大地等 27 个示范村（漳州市政府工作报告，2015 ~ 2018 年）。

表 3 - 90　　漳州市三类县历年固定资产投资（不含农户）占 GDP 比重　　单位：%

县类别	2010 年	2011 年	2012 年	2013 年	均值 1	2015 年	2016 年	2017 年	2018 年	均值 2
农业县	50.95	56.41	71.11	96.78	68.81	111.72	101.12	109.29	68.93	97.77
生态县	77.56	75.44	92.31	120.71	91.51	76.69	84.32	95.60	55.53	78.04
未取消县	50.60	49.33	59.95	76.78	59.17	101.73	106.60	113.68	55.13	94.29

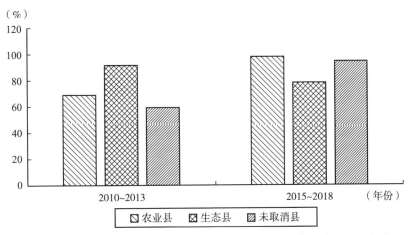

图 3 - 83　漳州市三类县历年固定资产投资（不含农户）占 GDP 比重

（二）社会消费品零售总额占 GDP 比重

表 3 - 91 和图 3 - 84 是漳州市三类县历年社会消费品零售总额占 GDP 比重的统计情况。从该图表可以看出，2010～2013 年，未取消县的社会消费品零售总额占比均值为 31.86%，农业县为 23.79%，生态县为 18.91%；2015～2018 年，未取消县的社会消费品零售总额占比均值为 29.44%，农业县为 19.85%，生态县为 22.35%。由前后两个时间段的数据进行比对可以发现，实施政策后的农业县和未取消县的社会消费品零售总额占比均值均为下降状态，下降幅度分别为 -16.56%、-7.60%。而生态县则呈现上升状态，上升幅度为 18.19%。说明生态县在取消 GDP 考核后，大幅提高了消费在 GDP 中的占比，反映出在取消 GDP 考核改革后，生态县的经济结构取得了一定程度的改善。

表 3 - 91　　　　　　漳州市三类县社会消费品零售总额占 GDP 比重　　　　　单位：%

县类别	2010 年	2011 年	2012 年	2013 年	均值 1	2015 年	2016 年	2017 年	2018 年	均值 2
农业县	24.66	22.25	22.93	25.31	23.79	20.20	19.69	19.66	19.85	19.85
生态县	16.55	16.94	19.29	22.86	18.91	21.56	22.02	22.47	23.35	22.35
未取消县	32.10	29.68	30.94	34.71	31.86	29.17	29.29	29.69	29.61	29.44

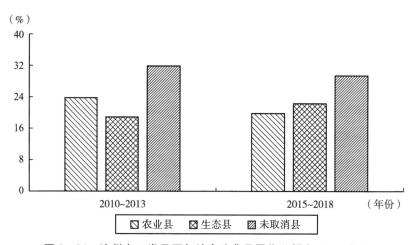

图 3 - 84　漳州市三类县历年社会消费品零售总额占 GDP 比重

（三）小结

综上所述，无论是政策实施之前，还是之后，漳州市各县的经济结构保持稳定，主要受固定资产投资拉动，社会消费品零售总额占比相对较低。值得注意的是，在政策实施之后，农业县和未取消县的固定资产投资占比上涨，社会消费品零售总额占比下降，相反，生态县表现为固定资产投资占比下降，而社会消费品零售总额占比上升。

三、产业结构

本部分计算了漳州市各县的第一产业、第二产业、第三产业占 GDP 的比重，考察取消 GDP 考核这一政策是否促进了县域产业结构的转型升级。

（一）第一产业占 GDP 比重

此处整理了漳州市三类县历年第一产业占 GDP 比重在 2010～2018 年的相关数据，具体见表 3-92 和图 3-85。可以看出，与政策实施之前相比，在政策实施之后，虽然三类县的该指标均值皆有降低的趋势，但生态县相较于另外两类县而言下降幅度最小，为 -9.59%，而未取消县和农业县的下降幅度分别为 -26.75%、-31.74%。具体来看，南靖县、平和县、长泰县皆为农业县且下降幅度最大，主要是因为该类县正加大力度对现代农业进行转型、升级和优化，如创建国家级有机肥替代化肥示范县；建设安全生态水系、节水灌溉等水利"十大工程"；开工建设花坞里农业产业园等（漳州市政府工作报告，2015～2018 年）。虽然与未取消县相比，农业县和生态县仍有一定的差距，但是第一产业已表现出优化的趋势。

表 3-92　　　　　　漳州市三类县历年第一产业占 GDP 比重　　　　单位：%

县类别	2010 年	2011 年	2012 年	2013 年	均值1	2015 年	2016 年	2017 年	2018 年	均值2
农业县	28.57	24.60	23.95	21.54	24.67	18.93	18.18	15.51	14.74	16.84
生态县	28.40	24.81	22.76	22.08	24.51	23.73	23.61	20.71	20.57	22.16
未取消县	24.82	21.66	20.72	18.46	21.42	16.33	16.36	15.00	15.06	15.69

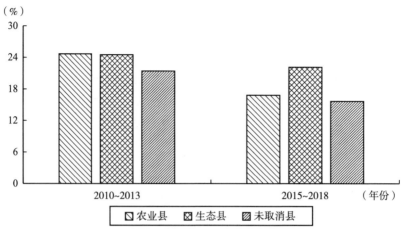

图 3－85　漳州市三类县历年第一产业占 GDP 比重

（二）第二产业占 GDP 比重

表 3－93 和图 3－86 是漳州市三类县历年第二产业占 GDP 比重平均值的描述性统计。结果表明，2010～2013 年，未取消县、农业县、生态县的该指标均值分别为 42.92％、41.91％、47.83％；2015～2018 年，上述三类县的均值分别为 44.74％、46.18％、51.09％。通过前后数据的对比可以看出，三类县在政策实施之后，该指标呈小幅上升趋势。其中，农业县和生态县的增幅均高于未取消县，具体表现为在政策实施之后，农业县加大力度提高工业实力，促进第二产业发展，成功创建清华大学研究生社会实践基地，培养了更多优秀的人才；大通互惠被称为全国首个石油化工高端阀门生产基地智能制造技术中心，用科技的力量来带动工业的发展；建成西蝉大道并成功通车，有效提升了园区的承载能力。生态县的工业发展正在渐入佳境，呈现稳中向好的趋势，2017 年，新增产值亿元以上的企业总数预计达 70 家以上；规模工业企业、科技小巨人领军企业、高新技术企业在数量上均有不小的突破（漳州市政府工作报告，2015～2018 年）。

表 3－93　　　　　漳州市三类县历年第二产业占 GDP 比重　　　　　单位：%

县类别	2010 年	2011 年	2012 年	2013 年	均值 1	2015 年	2016 年	2017 年	2018 年	均值 2
农业县	39.65	40.72	42.56	44.71	41.91	44.61	43.74	48.06	48.30	46.18
生态县	43.82	45.60	50.25	51.64	47.83	48.95	49.04	53.75	52.63	51.09
未取消县	41.46	41.53	43.35	45.35	42.92	44.12	42.58	46.40	45.86	44.74

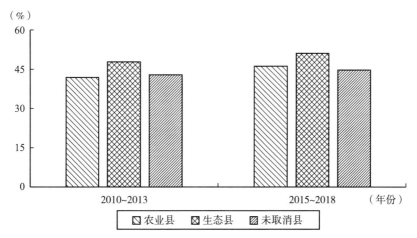

图 3 - 86 漳州市三类县历年第二产业占 GDP 比重

（三）第三产业占 GDP 比重

表 3 - 94 和图 3 - 87 是漳州市三类县历年第三产业占 GDP 比重的统计情况。从该图表可以看出，2010 ~ 2013 年，未取消县的第三产业占比均值为 35.68%、农业县为 33.42%、生态县为 27.66%；2015 ~ 2018 年，未取消县的第三产业占比均值为 39.56%、农业县为 36.98%、生态县为 26.75%。通过两个区间的对比，可知农业县和未取消县该指标有小幅上升趋势，生态县呈现小幅下降状态。

（四）小结

总体来看，漳州市三类县的产业布局均表现为第二产业为主，第一产业和第三产业为辅。在政策实施之后，三类县的第一产业呈下降趋势，除了生态县的第三产业占比下降之外，农业县和未取消县的第二产业、第三产业总体上小幅上升。表明农业县和未取消县第二产业和第三产业对经济的贡献继续增强，生态县的第三产业占比有待提高。横向对比来看，在政策实施之后，农业县和生态县的第一产业和第二产业占比高于未取消县，第三产业占比略低于未取消县。可以看出，农业县和生态县的产业结构与未取消县还有差距，但是有明显向好的趋势。

表 3 - 94 漳州市三类县历年第三产业占 GDP 比重 单位：%

县类别	2010 年	2011 年	2012 年	2013 年	均值1	2015 年	2016 年	2017 年	2018 年	均值2
农业县	31.78	34.68	33.49	33.74	33.42	36.46	38.08	36.43	36.96	36.98
生态县	27.78	29.59	26.99	26.28	27.66	27.32	27.35	25.54	26.80	26.75
未取消县	33.71	36.80	35.93	36.29	35.68	39.55	41.05	38.53	39.09	39.56

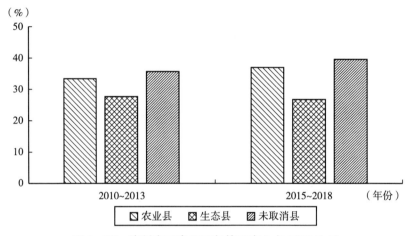

图 3 - 87 漳州市三类县历年第三产业占 GDP 比重

四、民生

本部分计算了漳州市各县在收入、卫生等方面的相关数据，考察取消 GDP 考核这一政策是否促进了县域民生的改善。

（一）农村居民人均纯收入

表 3 - 95 列示了漳州市三类县历年农村居民人均纯收入平均值在 2010 ~ 2018 年的相关数据。结合图 3 - 88，通过对该指标在 2010 ~ 2013 年和 2015 ~ 2018 年进行对比，可以发现，该指标在三类县中均呈现大幅上升状态，且无论是在哪个时间区间里，该指标在三类县中基本保持同等水平。

表 3 – 95　　　　　　　　漳州市三类县历年农村居民人均纯收入　　　　　　　单位：千元

县类别	2010 年	2011 年	2012 年	2013 年	均值 1	2015 年	2016 年	2017 年	2018 年	均值 2
农业县	7.67	8.91	10.17	11.33	9.52	13.75	15.09	16.53	18.03	15.85
生态县	8.01	9.26	10.54	11.83	9.91	13.65	14.97	16.37	17.76	15.69
未取消县	7.83	9.12	10.36	11.60	9.73	14.12	15.66	17.00	18.52	16.33

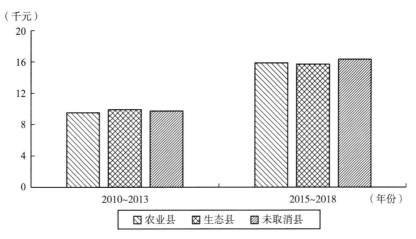

图 3 – 88　漳州市三类县历年农村居民人均纯收入

（二）医院及卫生院床位数

此处整理了漳州市三类县历年医院及卫生院床位数在 2010～2018 年的相关数据，具体见表 3 – 96 和图 3 – 89。通过观察图表可以看出，与实施政策之前相比，三类县在政策实施之后，整体呈现增长状态，且未取消县的医院及卫生院床位数均值增幅最多，增幅为 56.25%，农业县和生态县分别为 38.91%、27.74%。虽然在政策实施之后，农业县和生态县的该指标增幅不如未取消县快，但从绝对值来看，仍然高于未取消县。

表 3 – 96　　　　　　　　漳州市三类县历年医院及卫生院床位数　　　　　　　单位：张/万人

县类别	2010 年	2011 年	2012 年	2013 年	均值 1	2015 年	2016 年	均值 2
农业县	19.07	19.32	26.05	27.56	23.00	31.70	32.20	31.95
生态县	18.00	26.22	27.69	29.00	25.23	32.00	32.45	32.23
未取消县	15.64	18.67	21.30	24.03	19.91	28.89	33.33	31.11

注：漳州市 2017～2018 年该指标数据缺失，下同。

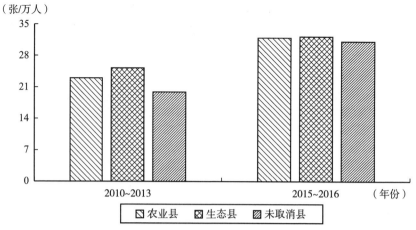

图 3-89　漳州市三类县历年医院及卫生院床位数

（三）社会福利收养性单位数

表 3-97 和图 3-90 是漳州市三类县历年社会福利收养性单位数的描述性

表 3-97　　　　　漳州市三类县历年社会福利收养性单位数　　　单位：个/万人

县类别	2010 年	2011 年	2012 年	2013 年	均值 1	2015 年	2016 年	均值 2
农业县	0.29	0.29	0.30	0.51	0.35	0.94	1.14	1.04
生态县	0.50	0.49	0.50	0.47	0.49	1.29	2.54	1.92
未取消县	0.20	0.19	0.28	0.31	0.25	0.44	0.54	0.94

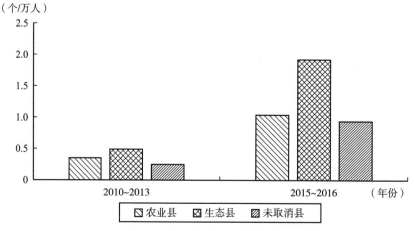

图 3-90　漳州市三类县历年社会福利收养性单位数

统计。结果表明，2010～2013 年，未取消县、农业县、生态县的该指标均值分别为 0.25 个/万人、0.35 个/万人、0.49 个/万人；2015～2016 年，上述三类县的均值分别为 0.94 个/万人、1.04 个/万人、1.92 个/万人。通过图上两个时间区间的比对可以看出，三类县在政策实施完之后整体呈现大幅上升趋势，其中生态县的上升幅度为 291.84%，为三类县中幅度最大的，其余两个农业县和未取消县分别为 197.14%、276.00%。

（四）社会福利收养性单位床位数

表 3－98 和图 3－91 是漳州市三类县历年社会福利收养性单位床位数的统计情况。从图表可以看出，相较于 2010～2013 年三类县未实施政策的数据，三类县实施完政策后在 2015～2016 年的数据呈现大幅度增长趋势。在政策未实施前，农业县与生态县水平相当，而在政策实施后，生态县出现了幅度更大的增长，而未取消县则是三类县中增长幅度最小的。

表 3－98　　　　　漳州市三类县历年社会福利收养性单位床位数　　　　单位：张/万人

县类别	2010 年	2011 年	2012 年	2013 年	均值 1	2015 年	2016 年	均值 2
农业县	9.42	9.43	11.28	28.89	14.76	35.27	34.06	34.67
生态县	15.63	15.24	15.63	14.71	15.30	45.29	45.98	45.64
未取消县	3.80	3.74	10.76	12.95	7.81	18.61	30.75	24.68

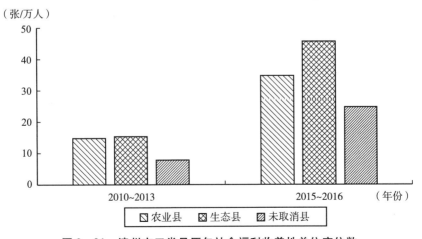

图 3－91　漳州市三类县历年社会福利收养性单位床位数

（五）小结

综上所述，在政策实施之后，三类县的各项指标均呈现上升趋势。从绝对值来看，农业县和生态县的农村居民人均纯收入低于未取消县。从增长幅度来看，生态县的社会福利收养性单位数、社会福利收养性单位床位数增长较快，主要是因为生态县政府对于民生事业的支出占公共财政总支出的绝大部分，更好地补齐民生建设方面的短板，促进了民生发展，使各类社会服务保障体系得到进一步的完善。

五、本节小结

本节在借鉴现有取消 GDP 考核相关文献的基础上，结合对漳州市部分县（市）取消 GDP 考核改革的相关研究得出了以下相应的研究结论。

（1）农业县。在政策实施之后，从经济增长方面来看，农业县的平均 GDP 和人均 GDP 均呈现大幅上升状态，而平均 GDP 增长率和人均 GDP 增长率则表现为大幅下降的趋势；从经济结构来看，经济依然倾向于依靠投资来拉动经济的增长，具体来看主要表现为固定资产投资（不含农户）占 GDP 比重的平均值有大幅提高，而社会消费品零售总额占 GDP 比重的平均值则为下降趋势；从产业结构来看，明显得到了优化，究其原因主要是第一产业占比呈现出大幅降低的趋势，而第二产业、第三产业占比则呈现出小幅提高的趋势；最后，从民生来看，农业县得到了显著改善，这主要得益于农村居民人均纯收入、医院及卫生院床位数、社会福利收养性单位数、社会福利收养性单位床位数这四个指标均呈现出大幅上升的状态。

（2）生态县。在政策实施之后，在经济增长方面，四个衡量经济增长的指标，其发展趋势与农业县类似，也表现为平均 GDP 和人均 GDP 呈现大幅上升状态，平均 GDP 增长率和人均 GDP 增长率呈现大幅下降状态；从经济结构来看，得到了明显改善，这主要得益于该类县的固定资产投资（不含农户）占 GDP 比重平均值指标表现为一定幅度的降低，而社会消费品零售总额占 GDP 比重平均值指标则为大幅提高趋势；从产业结构来看，优化程度略低于农业县水平，主要是因为对于第一产业占比而言，生态县呈现小幅下降的趋势，且其第三产业占比也为小幅下降状态，唯有第二产业占比表现出小幅上升趋势；从民生来看，生态县在该方面也得到了明显的改善，与农业县相似，生态县也是农村居民人均纯收入、医院及卫生院床位数、社会福利收养性单位数、社会福利收养性单位床位数这四个指标皆表现出大幅提高的趋势。

综上所述，漳州市在 2014 年实施取消 GDP 考核改革后，在很大程度上推动了农业县和生态县的发展，但在改革的前进道路上还是存在一些不足：（1）相较于未取消县而言，农业县和生态县的经济结构虽然得到了一定程度的改善，但拉动地区经济增长所需的主要动力依然还是投资大于消费；（2）从产业结构方面来看，农业县和生态县第三产业在三大产业中的占比仍处于较低水平。

第四章

取消 GDP 考核改革在全国的实施情况

第一节 引 言

GDP 是国民经济核算体系的核心指标。在过去追求高速增长的阶段，由于 GDP 的规模和增速关系到一个国家的经济规模、就业和人民生活水平，因此，GDP 一直是各界最关心的度量国家和地区经济状况的指标。但是，过分重视和追求 GDP 也产生了一系列弊端，如虚报数字、过度投资、破坏环境等，进而导致了社会发展的不平衡。

鉴于片面强调 GDP 考核所带来的负面影响，习近平总书记在 2013 年 6 月的全国组织工作会议上强调："要改进考核方法手段，既看发展又看基础，既看显绩又看潜绩，把民生改善、社会进步、生态效益等指标和实绩作为重要考核内容，再也不能简单以国内生产总值增长率来论英雄了。"党的十九大报告也指出："我国经济已由高速增长阶段转向高质量发展阶段，正处在转变发展方式、优化经济结构、转换增长动力的攻关期。"以上论调表明，我国经济发展从追求"速度"转为注重"质量"，这就要求地方政府要扭转发展理念，从注重 GDP 的增长速度转为追求经济发展的效率和结构，从而才能更好地统筹推进增长、促改革、调结构、惠民生、防风险等各项工作。

在强调高质量发展的背景下，我国多个省份相继取消了部分县（市）的 GDP 考核。2014 年，湖北省在《县域经济工作考核办法（试行）》中明确提出，取消阳新县等 58 个县（市）区的 GDP 考核。同年，安徽、福建、贵州、河北、四川、山西等省份也相继取消了部分县（市）的 GDP 考核。在随后的几年中，内蒙古（2015 年）、广西（2015 年）、云南（2015 年）、甘肃（2016

年)、陕西 (2017 年)、海南 (2018 年) 等省份先后取消了部分县 (市) 的 GDP 考核。根据本书统计,截至 2019 年,我国已有 17 个省份明确取消了 472 个县 (市) 的 GDP 考核,① 转而采用更加科学的考核体系,以寻求当地经济增长质量和效益的转变。目前,取消 GDP 考核这一政策已经在全国部分省份实施了一段时间,该政策的实施是否达到了预期效果,现有研究尚没有明确的解答。基于此,本节以 2005～2016 年为研究区间,利用全国多个省份取消部分县 (市) GDP 考核这一政策作为外生性冲击,考察政策实施对于县域经济发展的影响。

相关研究指出,地方官员在地方经济增长中扮演着重要角色 (周黎安等, 2005;周黎安,2007;曹春芳等,2014;蒋德权等,2015;张天华等,2019;张军等,2020)。一旦取消 GDP 考核,各级领导身上的"包袱"没有了,地方政府将有更多的时间和精力从单纯地追求经济高速增长转向社会、民生等方面的发展上。因此,可以推测,与没有被取消 GDP 考核的县 (市) 相比,被取消考核的县 (市) 追求 GDP 高增长的动力会减弱,进而地方经济增长的速度会降低。

另外,各地省政府取消县 (市) GDP 考核改革的实施,表明了治理方向的转变,对于这类县 (市),地方政府将根据其自身优势,因地制宜,由过去注重短期经济指标,单纯追求经济增长的速度,转变为有质量和效益的发展模式。根据本章的梳理,各省取消 GDP 考核的县市主要有三类,分别为农业县、生态功能县和贫困县。并且在对这三类县 (市) 的考核当中,还加入了促进农业、改善民生、保护生态环境等的相关考核指标。从对县 (市) 考核体系的调整当中可以看出,取消 GDP 考核并不是放弃发展,而是对县 (市) 的发展提出了更高的要求。在这样的背景下,地方政府可以加快转变传统粗放型的经济模式,摒弃那些高污染、高能耗的产业,更加注重项目的引进质量,加大农业、民生、环保等领域的扶持力度,使得县域经济发展更加合理,也更加有效率和后劲。潘美含等 (2017) 指出,生态功能县具有发展旅游业的先天优势,在取消 GDP 考核的背景下,更有可能利用其生态优势发展经济,经济增速也更高。杨小龙 (2007) 的研究也表明,具有农业优势的县也可以依托特殊优势,更好地发展经济。从以上分析可以看出,取消县 (市) 的 GDP 考核,由于可能会改变县域经济增长的方式,促进经济质量、效率的提升,从而会使经济增长速度进一步加快。

---

① 根据各省县域经济考核办法统计得出。

综上所述，取消 GDP 考核改革对于县域经济发展的影响可能存在正反两个方向的可能性，因此，本书不做方向性的预测。此外，由于该政策的制定和推行是由省级政府分地区、分时点颁布的，外生于县级政府的决策，因此，构成了对于县域经济的外生性冲击，也减弱了传统经济研究中的内生性的困扰。因此，本书使用多时点双重差分法，深入考察取消 GDP 考核这一政策实施对于县域经济发展的影响。

第二节　研究设计

一、样本选择与数据来源

本章的研究对象为我国的县（市），研究区间为 2005 ~ 2016 年，数据来源为 CSMAR 县域经济数据库，具体的样本筛选流程如下：（1）删除了北京、上海、天津所辖的县级行政区（62 个观测值），主要原因是这三个直辖市的城市化水平较高，县区与市区的差别较小；（2）删除了由于信息披露不全、数据缺失而损失的样本量（1844 个观测值）；（3）删除了因计算模型控制变量缺失而损失的样本量（998 个观测值）；（4）为了消除极端值的影响，本章对于所有连续变量在 1%（99%）的水平上进行了缩尾处理。最后共得到 21288 个县（市）/年观测值。为消除极端值的影响，本章使用 Stata 统计软件进行数据处理和实证检验。

二、变量定义

（一）被解释变量

本章使用两个变量来衡量县域经济发展，即县（市）GDP 增长率（GD-PG）和县（市）人均 GDP 增长率（GDPPCG）。

（二）解释变量

本章的解释变量为 Policy，如果某一县（市）i 在第 t 年被取消了 GDP 考核，则赋值为 1，否则为 0。

（三）控制变量

根据以往文献（虞义华等，2011），本章将人口增长率（*Pop Growth*）、投资比重（*Investment*）、GDP 结构（*GDP Structure*）等相关控制变量纳入模型，具体见表 4－1。

表 4－1   变量定义一览表

变量名	变量描述	变量定义
被解释变量		
GDPG	GDP 增长率	第 t 年的 GDP 减去第 $t-1$ 年的 GDP，除以第 $t-1$ 年的 GDP
GDPPCG	人均 GDP 增长率	第 t 年的人均 GDP 减去第 $t-1$ 年的人均 GDP，除以第 $t-1$ 年的人均 GDP
解释变量		
Policy	取消 GDP 考核	如果某一县（市）在该年度已经取消了 GDP 考核，则赋值为 1，否则为 0
控制变量		
Pop Growth	人口增长率	第 t 年的人口减去第 $t-1$ 年的人口，除以第 $t-1$ 年的人口
Investment	投资比重	第 t 年固定资产投资占第 t 年 GDP 的比重
GDP Structure	GDP 结构	第 t 年第一产业增加值除以第 t 年第二产业增加值
County Fixed Effects	县（市）固定效应	县（市）的固定效应
Year Fixed Effects	年份固定效应	年份的固定效应

三、模型构建

前已述及，由于取消 GDP 考核政策是分地区陆续推行，因此，本章构建多时点双重差分模型（多时点 DID）来考察取消 GDP 考核政策对于县域经济发展的影响，具体模型设定如下：

$$GDPG_{i,t}(GDPPCG_{i,t}) = \gamma_0 + \gamma_1 Policy_{i,t} + \sum ControlVars_{i,t} + \varepsilon_{i,t}$$

$$(4-1)$$

其中，被解释变量为 GDP 增长率（*GDPG*）和人均 GDP 增长率（*GDP-PCG*）；取消 GDP 考核（*Policy*）为解释变量；*ControlVars* 为控制变量，包括人口增长率（*Pop Growth*）、投资比重（*Investment*）、GDP 结构（*GDP Structure*）、县（市）固定效应（*County Fixed Effects*）和年份固定效应（*Year Fixed Effects*）。本模型实际上是将全部县（市）分为两组，一组为受到政策影响的县（市），即实验组，另一组为没有受到政策影响的县（市），即控制组；并将研究区间分为两组，一组为政策实施之前，另一组为政策实施之后。这样就构成了四组样本，并前后进行两次差分，最终可以得到政策实施的净效果。此处主要考察系数 γ_1，由于取消 GDP 考核的改革是分地区相继推行的，因此，回归模型中的 *Policy* 的系数 γ_1，就相当于传统单时点 DID 模型中交乘项（Treatment × Post）的系数（Bertrand and Mullainathan，2004；李广众和贾凡胜，2019）。如果 γ_1 为正，表明相对于没有取消 GDP 考核的县（市），取消 GDP 考核的县（市）经济发展速度更快；如果 γ_1 为负，表明相对于没有取消 GDP 考核的县（市），取消 GDP 考核的县（市）经济发展速度更低。

第三节　实证结果分析

一、描述性统计

表 4 - 2 报告了样本的省份分布。可以看出，本章最终样本一共包含 22 个省、5 个省级自治区、1 个直辖市（重庆市）。河北省的样本最多，为 1585 个观测值，占总样本的 7.45%。宁夏回族自治区的样本最少，只有 146 个观测值，占总样本的 0.69%。其中，取消部分县（市）GDP 考核的省或自治区共有 17 个，分别为：安徽省、福建省、甘肃省、广西壮族自治区、贵州省、海南省、河北省、湖北省、内蒙古自治区、宁夏回族自治区、青海省、山西省、陕西省、四川省、新疆维吾尔自治区、云南省和浙江省。其余 11 个省、区、市并未取消县（市）的 GDP 考核。表 4 - 3 报告了样本的年份分布，最终样本包括了 2005 ~ 2016 年共 12 年的样本，每一年的样本量分布都较为均匀。

表 4 - 2   样本省份分布

省份	样本量（个）	百分比（%）	省份	样本量（个）	百分比（%）
安徽省	676	3.18	江苏省	645	3.03
重庆市	247	1.16	江西省	725	3.41
福建省	696	3.27	辽宁省	527	2.48
甘肃省	835	3.92	内蒙古自治区	1006	4.73
广东省	629	2.95	宁夏回族自治区	146	0.69
广西壮族自治区	866	4.07	青海省	405	1.9
贵州省	769	3.61	山东省	762	3.58
海南省	159	0.75	山西省	1045	4.91
河北省	1585	7.45	陕西省	923	4.34
河南省	1309	6.15	四川省	1386	6.51
黑龙江省	782	3.67	西藏自治区	170	0.8
湖北省	673	3.16	新疆维吾尔自治区	909	4.27
湖南省	968	4.55	云南省	1308	6.14
吉林省	457	2.15	浙江省	680	3.19

表 4 - 3   样本年份分布

年份	样本量（个）	百分比（%）	累计百分比（%）
2005	1906	8.95	8.95
2006	1054	4.95	13.90
2007	1912	8.98	22.89
2008	1948	9.15	32.04
2009	1940	9.11	41.15
2010	1925	9.04	50.19
2011	1749	8.22	58.41
2012	1771	8.32	66.73
2013	1843	8.66	75.39

续表

年份	样本量（个）	百分比（%）	累计百分比（%）
2014	1969	9.25	84.63
2015	1980	9.30	93.94
2016	1291	6.06	100.00
合计	21288	100.00	

二、双重差分模型回归结果分析

表4-4报告了模型（4-1）的回归结果。回归结果显示，*Policy* 的系数为正，且在1%的水平上显著。这表明，在取消GDP考核实施之后，与不受该政策影响的县（市）相比，受到该政策影响的县（市）经济增速更高，即取消GDP考核这一政策的实施有效促进了县域经济的发展。以上结果可能的解释是：在高质量发展的背景下，取消GDP考核政策的出台，一方面降低了各县（市）为了GDP而引发的急功近利行为；另一方面使各县（市）为了完成新的考核标准，加大了民生、环保等领域的扶持力度，投入了大量的财力和物力，从而提高了经济增长的质量和效率，进而促进了县域的经济增长。

表4-4　　　　　　　　　　双重差分模型回归结果

变量	(1)	(2)
	GDPG	GDPPCG
Policy	0.011 *** (2.61)	0.012 *** (2.66)
Pop Growth	0.082 *** (3.01)	-1.257 *** (-37.05)
Investment	0.022 *** (4.99)	0.021 *** (4.57)
GDP Structure	-0.049 *** (-13.95)	-0.050 *** (-13.75)
常数项	0.224 *** (39.05)	0.226 *** (38.47)

续表

变量	(1)	(2)
	GDPG	GDPPCG
县（市）固定效应	Yes	Yes
年份固定效应	Yes	Yes
N	21288	21288
R^2	0.379	0.413

注：括号中为经过 Cluster 县（市）调整的 T 值；＊、＊＊、＊＊＊分别表示双尾显著性水平为 10%、5%、1%。年份和县（市）的固定效应已控制。

三、稳健性检验

（一）平行性检验

运用双重差分法需要满足平行趋势假设，即在政策开始前，控制组和实验组的差异应当保持平行趋势，政策实施之后，两组的趋势差异发生改变。这样做可以排除回归结果不是由政策实施之前的其他因素影响，而是政策本身引发的结果。为检验这一假设是否成立，本章参照伯特兰德和姆莱纳森（Bertrand and Mullainathan，2003）和福弗等（Fauver et al.，2018），构造了如下模型：

$$GDPG(GDPPCG) = \gamma_0 + \gamma_1 Year_{i,-1} + \gamma_2 Year_{i,0} + \gamma_3 Year_{i,+1} + \gamma_4 Year_{i,+2+}$$
$$+ \sum_j \gamma_j ControlVars_{i,t} + \varepsilon_{i,t} \qquad (4-2)$$

在该模型中，$Year_{i,-1}$、$Year_{i,0}$、$Year_{i,+1}$、$Year_{i,+2+}$ 为年份虚拟变量，分别代表取消 GDP 考核政策生效的前 1 年、当年、第 1 年、第 2 年及以后。将模型（4-1）中的 $Policy$ 替换成年份虚拟变量进行回归，控制变量保持不变。此处主要关注四个年份虚拟变量的系数，如果 γ_1 不显著，则代表在政策实施之前，控制组与实验组的变化趋势没有显著差异，即通过平行性检验。如果 $Year_0$、$Year_{+1}$、$Year_{+2+}$ 的系数显著，则表明在政策实施之后，控制组与实验组的原有差异趋势发生了变化，即政策的实施产生了效果。

表 4-5 报告了模型（4-2）的回归结果。可以看出，在列（1）和列（2）中，$Year_{-1}$ 的系数分别为 -0.003 和 -0.002，但并不显著；而 $Year_0$、$Year_{+1}$、$Year_{+2+}$ 的系数均为正，且 $Year_0$ 和 $Year_{+2+}$ 的系数在统计上显著，因

此，平行趋势假设得到了支持。此外，$Year_{+2+}$ 的系数较 $Year_0$ 和 $Year_{+1}$ 的系数更大，表明政策实施的年限越长，地区 GDP 和人均 GDP 的增长越快，即取消 GDP 考核政策带来的正向效果逐年增强。

表 4 - 5 平行性检验结果

变量	(1)	(2)
	GDPG	GDPPCG
$Year_{-1}$	- 0.003 (- 0.59)	- 0.002 (- 0.50)
$Year_0$	0.009 * (1.77)	0.009 * (1.71)
$Year_{+1}$	0.007 (1.18)	0.006 (1.02)
$Year_{+2+}$	0.022 *** (3.37)	0.027 *** (3.92)
Pop Growth	0.082 *** (3.01)	- 1.257 *** (- 37.07)
Investment	0.022 *** (4.99)	0.021 *** (4.56)
GDP Structure	- 0.049 *** (- 13.92)	- 0.050 *** (- 13.70)
常数项	0.206 *** (26.67)	0.205 *** (25.87)
县（市）固定效应	Yes	Yes
年份固定效应	Yes	Yes
N	21288	21288
R^2	0.379	0.413

注：括号中为经过 Cluster 县调整的 T 值；*、**、*** 分别表示双尾显著性水平为 10%、5%、1%。年份和县的固定效应已控制。

（二）倾向性得分匹配后的双重差分（PSM - DID）

根据本章梳理，哪些县（市）被取消 GDP 考核可能不是随机选取的，而是存在着一定的规律。因此，必须考虑取消 GDP 考核试点被选取的原因，否则在表 4 - 4 中观察到的政策效应，就有可能是由于两组的固有差异造成的，而并非由取消 GDP 考核造成的。

依据陈等（Chen et al.，2018）、张璇等（2019），本章使用倾向性得分匹配后的双重差分法来避免这一问题对于结论造成的影响。本章首先找出与实验组在各方面均较为相似的控制组样本进行匹配，然后在匹配后的样本中使用双重差分法进行回归，如果回归结果与模型（4 - 1）的回归结果相同，则认为控制组和实验组的差异对于政策实施效果影响的可能性较小，否则反之。为此，本章构建如下模型：

$$Treat_{i,t} = \gamma_0 + \gamma_1 Pop\ Growth_{i,t} + \gamma_2 Investment_{i,t} + \gamma_3 GDP\ Structure_{i,t} + \varepsilon_{i,t}$$

$$(4 - 3)$$

本章首先按照 Probit 模型来估计样本被划分为实验组的概率，在模型（4 - 3）中，被解释变量 Treat 为一个虚拟变量，如果某一县（市）被取消了 GDP 考核，则为 1，否则为 0。关于控制变量的选取，本章仍然沿用模型（4 - 1）中的变量。由于被解释变量 Treat 不随时间变化，因此，在模型（4 - 3）中不再控制县的固定效应。根据模型（4 - 3），每一个观测值均可以算出被划入实验组的概率，即为匹配打分法产生的分值。根据分值，对实验组和控制组进行 1∶1 的最临近匹配（半径为 0.01），从而得到了 9352 个观测值。

表 4 - 6 报告了匹配后的样本特征对比分析。本章发现，实验组和控制组的 Pop Growth 的均值分别为 0.008，两者的差异小于 0.000，且统计上不显著（p = 0.300）。类似地，Investment 在实验组的均值为 0.785，在控制组的均值为 0.776，差异为 0.009，在统计上也不显著（p = 0.419）。此外，GDP Structure 在实验组的均值为 0.983，在控制组的均值为 0.996，差异为 - 0.013 且不显著（p = 0.533）。因此，在进行了倾向性得分匹配后，本章发现控制组和实验组的差异并不显著，表明样本匹配成功。

表 4 - 7 报告了 PSM - DID 的多元回归结果。本章发现，在匹配后的样本中，列（1）中的 Policy 的系数为 0.013，在 1% 的水平上显著；列（2）中的 Policy 的系数也显著为正（系数为 0.013；p < 0.01）。这与表 4 - 4 的结论保持

一致，即取消 GDP 考核改革促进了县域经济的发展。

表 4 - 6 匹配样本的特征对比分析

变量	实验组	控制组	均值差	P 值
Pop Growth	0.008	0.008	- 0.000	0.300
Investment	0.785	0.776	0.009	0.419
GDP Structure	0.983	0.996	- 0.013	0.533

表 4 - 7 PSM - DID 的多元回归结果

变量	(1)	(2)
	GDPG	GDPPCG
Policy	0.013 *** (2.61)	0.013 ** (2.42)
Pop Growth	0.054 (1.38)	- 1.262 *** (- 26.42)
Investment	0.016 ** (2.41)	0.015 ** (2.21)
GDP Structure	- 0.038 *** (- 8.49)	- 0.038 *** (- 8.26)
常数项	0.213 *** (22.93)	0.213 *** (22.46)
县（市）固定效应	Yes	Yes
年份固定效应	Yes	Yes
N	9352	9352
R^2	0.438	0.481

注：括号中为经过 Cluster 县调整的 T 值；*、**、*** 分别表示双尾显著性水平为 10%、5%、1%。年份和县的固定效应已控制。

（三）只保留 2012 ~ 2016 年的样本

大部分的省在 2014 年取消了部分县市的 GDP 考核，为了取得较为平衡的样本，本章只保留了 2012 ~ 2016 年的样本，对模型（4 - 1）重新进行检验，

表 4 - 8 的回归结果表明，*Policy* 的系数为正，且在 5% 的水平上显著。这与表 4 - 4 的结果保持了一致。

表 4 - 8　　　　　　　　　保留 2012～2016 年的多元回归结果

变量	(1)	(2)
	GDPG	GDPPCG
Policy	0.010 ** (2.19)	0.009 ** (2.05)
Pop Growth	0.080 ** (2.05)	- 1.257 *** (- 24.66)
Investment	- 0.021 *** (- 3.03)	- 0.021 *** (- 2.94)
GDP Structure	- 0.073 *** (- 10.54)	- 0.079 *** (- 10.66)
常数项	0.216 *** (28.29)	0.222 *** (28.03)
县（市）固定效应	Yes	Yes
年份固定效应	Yes	Yes
N	8854	8854
R^2	0.542	0.589

注：括号中为经过 Cluster 县调整的 *T* 值；*、**、*** 分别表示双尾显著性水平为 10%、5%、1%。年份和县的固定效应已控制。

第四节　异质性分析

一、取消 GDP 考核的分类

本章详细梳理了 17 个省份取消部分县（市）GDP 考核的文件。例如，河北省在 2014 年取消了对 31 个贫困县的 GDP 考核；山西省在 2014 年公布的《山西省人民政府关于修订山西省县域经济发展考核评价暂行办法的通知》中明确规定，取消了对 36 个国家扶贫开发工作重点县及集中连片特殊困难地区范围内的县（C 类县）的 GDP 考核。以河北省和山西省为例来看，取消这些县（市）GDP 考核的主要原因是为了降低贫困县的经济发展压力。与前述不同的是，福建省在 2014 年取消了 34 个县的 GDP 考核，其中 22 个为农产品主产区，其余 12 个属重点生态功能区。四川省在 2014 年取消了对于 58 个重点生态功能区县的 GDP 考核。以福建省和四川省为例来看，取消这些县（市）GDP 考核的主要原因是为了保护生态环境和促进农业发展。因此，本章将被取消 GDP 考核的县（市）主要归纳为以下几类：贫困县、农业县和生态功能县。

进一步检验取消 GDP 考核政策在以上三类县（市）的实施效果，本章定义了虚拟变量 *Ag & Eco Counties*，如果某一县（市）被取消 GDP 考核的原因是由于该县（市）属于农业县或者生态功能县，则为 1，如果是贫困县则为 0。进一步，本章将 *Ag & Eco Counties* 与 *Policy* 交乘，并将该交乘项放入模型（4-1），以考察取消 GDP 考核这一政策在不同类别县的实施效果。表 4-9 报告了这一结果。研究表明，交乘项 *Ag & Eco Counties × Policy* 的系数为正，且在 1% 的水平上显著。这表明，相对于贫困县而言，取消 GDP 考核政策对于具有农业和生态优势的县，具有更强的经济发展促进作用。也就是说，具有农业特色或者生态功能的县，在取消 GDP 考核政策实施之后，经济增长的效应更为明显。

表 4-9 　　　　　　　　　　　按县（市）类别划分的多元回归结果

变量	(1)	(2)
	GDPG	GDPPCG
Policy	-0.003 (-0.40)	-0.002 (-0.26)
Ag & Eco Counties × Policy	0.027 *** (3.54)	0.026 *** (3.35)
Pop Growth	0.082 *** (3.00)	-1.257 *** (-37.07)
Investment	0.023 *** (5.06)	0.022 *** (4.63)

续表

变量	(1)	(2)
	GDPG	GDPPCG
GDP Structure	− 0.048 *** (− 13.86)	− 0.050 *** (− 13.66)
常数项	0.223 *** (39.07)	0.226 *** (38.48)
县（市）固定效应	Yes	Yes
年份固定效应	Yes	Yes
N	21288	21288
R^2	0.379	0.414

注：括号中为经过 Cluster 县调整的 *t* 值；*、**、*** 分别表示双尾显著性水平为 10%、5%、1%。年份和县的固定效应已控制。

二、外部经济环境

在县域经济发展中，外部经济环境也扮演着重要角色。曹小曙和徐建斌（2018）对于中国省际边界县域经济进行了热点分析，发现位于京津冀和长三角城市群附近的县，受到附近地区的经济辐射带动效应较强，经济发展较快，经济实力也较强（曹小曙和徐建斌，2018）。魏后凯（2017）也强调了省域经济与县域经济的互动关系。因此，县域经济的外部环境具有重要性。因此，本章定义了虚拟变量经济发达省（*Developed Prov.*），如果某一县（市）所在的省份，其全省人均 GDP 在全国的前 25%，则为 1，否则为 0。本章将 *Developed Prov.* 与 *Policy* 交乘，并将该交乘项放入模型（4 - 1），以考察外部经济环境对于取消 GDP 考核这一政策实施效果的影响。表 4 - 10 报告了这一结果。可以看出，交乘项 *Developed Prov.* × *Policy* 的系数为正，且在 1% 的水平上显著。结果显示，在经济发达的省份，由于县（市）所处的外部经济环境更好，可以更好地受到地区的辐射，所以取消 GDP 考核改革对于这类县（市）经济发展的促进效应更强；而经济欠发达的省份，由于受到地区的辐射较少，因此，取消 GDP 考核改革对于这类县（市）经济发展的促进效应较小。

表4-10　　　　　　　　按外部经济环境划分的多元回归结果

变量	(1)	(2)
	GDPG	GDPPCG
Policy	0.006 (1.32)	0.007 (1.37)
Developed Prov.	0.0110 (1.53)	0.014 * (1.85)
Developed Prov. ×*Policy*	0.024 *** (3.25)	0.024 *** (3.15)
Pop Growth	0.081 *** (2.97)	-1.258 *** (-37.04)
Investment	0.023 *** (5.07)	0.022 *** (4.65)
GDP Structure	-0.049 *** (-13.87)	-0.050 *** (-13.66)
常数项	0.221 *** (37.08)	0.223 *** (36.39)
县（市）固定效应	Yes	Yes
年份固定效应	Yes	Yes
N	21288	21288
R^2	0.379	0.414

注：括号中为经过 Cluster 县调整的 T 值；*、**、*** 分别表示双尾显著性水平为 10%、5%、1%。年份和县的固定效应已控制。

第五节　进一步分析：取消 GDP 考核是否促进 经济结构转型和产业转型升级

回顾取消 GDP 考核的初衷，是为了减弱县域地方政府单纯追求经济发展的动机，从而促进经济结构调整和地方产业转型升级。例如，山西省在 2014 年公布的《山西省人民政府关于修订山西省县域经济发展考核评价暂行办法的通知》中，明确提出该通知的指导思想在于"突出转变经济发展方式""紧密围绕加快推进工业新型化、农业现代化、市域城镇化、城乡生态化等重要任务，客观评价县域经济发展状况，为全面建成小康农业现代化、市域城镇化、城乡生态化等"。云南省在 2016 年《云南省县域经济发展分类考核评价办法》中提出,该办法强调"用新思路、新机制、新方法加快推进县域经济转型发展"。

首先,本章考察取消 GDP 考核这一政策是否促进了县域经济结构调整。以往,中国经济在保持高速增长的同时,也产生了经济结构失衡的问题,即过度依赖投资和净出口,而消费对经济的拉动不足(郭庆旺和赵志耘,2014;殷杰兰,2018)。党的十九大报告中指出,要"完善促进消费的体制机制,增强消费对经济发展的基础性作用"。因此,本章分别计算了投资和消费占 GDP 的比重,据此生成 *Investment* 和 *Consumption*,并分别将其作为被解释变量放入模型(4 - 1)中。表 4 - 11 报告了这一结果。本章发现,*Policy* 与 *Investment* 正相关,且在 1% 的水平上显著;而 *Policy* 与 *Consumption* 负相关,且在 1% 的水平上显著。这一结论表明,与没有被取消 GDP 考核的县(市)相比,被取消GDP 考核的县(市)在政策实施之后,投资水平显著升高,而消费水平显著降低。这表明,取消 GDP 考核并未明显改善县域经济结构,经济发展对于投资的依赖程度依然较高,而对于消费的依赖则较低。

表 4 - 11 取消 GDP 考核与经济结构转型

变量	(1)	(2)
	Investment	*Consumption*
Policy	0. 109 *** (5. 51)	− 0. 055 *** (− 3. 66)
Pop Growth	0. 032 (0. 49)	− 0. 004 (− 0. 23)
GDP Structure	− 0. 104 *** (− 8. 07)	0. 024 *** (7. 21)
常数项	0. 459 *** (28. 39)	0. 276 *** (70. 96)
县(市)固定效应	Yes	Yes
年份固定效应	Yes	Yes
N	21288	11673
R^2	0. 709	0. 856

注:括号中为经过 Cluster 县调整的 *T* 值;*、**、*** 分别表示双尾显著性水平为 10%、5%、1%。年份和县的固定效应已控制。

其次，本章考察了取消 GDP 考核的政策是否能促进地方产业转型升级。发达经济体产业结构的演进一般呈现如下特征：第一产业（农业）所占 GDP 比例逐渐下降，第二产业（工业）所占 GDP 比例先上升后下降，第三产业（商业、服务业）所占 GDP 比例逐步上升（Acemoglu，2007；王勋和 Anders，2013）。当前我国的产业结构特征，依然存在着工业比重较高，第三产业发展相对薄弱的现象。因此，本章分别考察取消 GDP 考核对于第二产业和第三产业的影响。本章将第 t 年第二产业（第三产业）增加值占第 t 年 GDP 的比重定义为第二产业比重（Second Industry）和第三产业比重（Third Industry），并将其放入模型（4 - 1）中作为被解释变量。表 4 - 12 报告了这一结果。本章发现，Policy 与 Second Industry 正相关，且在 10% 的水平上显著；而 Policy 与 Third Industry 负相关，且在 1% 的水平上显著。这一结论表明，相对于没有被取消 GDP 考核的县（市），取消了 GDP 考核的县（市）第二产业比例较高，而第三产业比例仍然较低。这表明取消 GDP 考核并未有效改善县域产业结构。

表 4 - 12　　　　　　　　　　取消 GDP 考核与产业转型升级

变量	(1)	(2)
	Second Industry	Third Industry
Policy	0.007 * (1.76)	- 0.011 *** (- 3.22)
Pop Growth	0.024 * (1.67)	0.028 (1.57)
Investment	0.020 (0.70)	0.031 (1.46)
GDP Structure	- 0.100 *** (- 18.08)	0.030 *** (7.74)
常数项	0.484 *** (30.74)	0.292 *** (25.45)
县（市）固定效应	Yes	Yes
年份固定效应	Yes	Yes
N	21288	21281
R^2	0.732	0.628

　　注：括号中为经过 Cluster 县调整的 t 值；*、**、*** 分别表示双尾显著性水平为 10%、5%、1%。年份和县的固定效应已控制。

对于以上结论，可能的解释是：

（1）通过梳理 17 个省份取消 GDP 考核的文件，本章发现，有些省份在取消部分县（市）GDP 考核的同时，还在继续考核一些与 GDP 相关的指标。如山西省在 2014 年明确取消了对 36 个 C 类县的 GDP 考核，但是仍然考核固定资产投资、人均地区生产总值、人均地区生产总值增长速度、固定资产投资增长速度等指标，约占总指标权重的 24%。再如，云南省在 2016 年取消了重点生态功能区县和限制开发区域和生态脆弱的国家级贫困县的 GDP 和 GDP 增速的考核，但是同时保留了对于第一产业增加值增速、第三产业增加值增速等指标，约占总指标权重的 49%。

（2）由于取消 GDP 考核政策实施的时间并不长，而 GDP 长期以来作为考核干部的标准，即使在短期内取消了 GDP 考核，地方政府可能仍然高度重视地方的经济增长（韩晶和张新闻，2016；王贤彬和董一军，2017）。

第六节　本章小结

伴随着高质量发展理念深入人心，片面地追求 GDP 规模和增长速度已经越来越不适应我国的现阶段的发展需求。为此我国多个省份先后取消了部分县（市）的 GDP 考核。本章以 2005~2016 年全国 2004 个县的 21288 个观测值为样本，采用多时点的双重差分模型，考察了取消 GDP 考核改革对于县域经济发展的影响。本章发现，与没有被取消 GDP 考核的县（市）相比，政策实施以后，被取消 GDP 考核的县（市）其县域经济发展速度更高，并且这一现象在具有农业和生态优势的县（市）、外部环境较好的县（市）表现得更加明显。以上结论表明，政策的实施已经初步显效，但是短期内还不能有效改善县域经济结构和产业结构。木章结论表明，取消 GDP 考核改革的实施，在一定程度上促进了县域经济发展质量的提高，县（市）根据实际情况，因地制宜，加大了农业、环保和民生的投入，发展相关优势产业，有效地促进了经济的增长，提高了经济发展的质量。但是由于有些省份虽然取消了 GDP 考核，但是还在考核一些与 GDP 高度相关的指标，并且由于 GDP 的影响根深蒂固，短期内还无法彻底根本消除地方政府对其的依赖。

第五章

结论与政策建议

第一节 结 论

为了促进县域经济的高质量发展，发挥地区优势，福建省于 2014 年取消了 34 个农业县和生态县的 GDP 考核，实行农业优先和生态保护优先的绩效考核方法，成为全国第一批明确取消部分县 GDP 考核的省份之一。为了检验上述经济增长目标转换政策的实施效果，本书基于福建省各县（市）的数据，考察了福建省农业县和生态县全要素生产率的动态变化，并对 GDP 增长率等其他基础经济指标在政策实施前后的变化进行了统计分析，最后，基于全国的样本，实证检验了政策实施的经济效果。具体结论如下：

首先，从福建省来看，福建省的农业县和生态县在 2010～2018 年表现各异，对比政策实施之前，在政策实施之后，从各项基础经济指标来看，农业县和生态县在经济增长、经济结构、产业结构和民生等方面均有所改善，但在发展中也存在着不均衡的现象：在经济结构方面，虽然经济增长依靠消费拉动的比重有所增加，但仍主要靠固定资产投资拉动；在产业结构方面，依然存在着工业比重较高，第三产业发展相对薄弱的现象，表明经济增长仍主要依靠第二产业拉动。

其次，在政策实施之后，全要素生产率改善的县在数量上有较大幅度的提高，且其分解指标显示上述改善主要来源于技术变化的拉动，而技术效率变化的拉动不明显。这与未受政策影响县全要素生产率的改善源于技术变化和技术效率的双重进步相比，还存在一定差距。对于在政策实施之后全要素生产率仍未改善的县，主要是受到技术效率的拖累，从它的分解指标来看，需要同时提高纯技术效率和规模效率，才能有效促进技术效率的改善。从区域发展状况来看，各区域全要素生产率总体改善势头较好，但存在发展不平衡的现象，闽西农产品主产区、闽东和闽南重点生态功能区仍存在不足。

最后，基于全国的数据，本书发现，与没有被政策影响的县（市）相比，取消GDP考核之后，被政策影响的县（市）经济增长更快，即在具有农业和生态优势的县表现得更为明显。此外，政策的实施对于处于经济发达省份县（市）的经济发展促进作用更高。这表明政策的实施在一定程度上促进了县域经济发展质量的提高。但是政策的实施尚未带来经济结构和产业结构的显著优化，这可能与配套考核措施尚未完善和短期内地方政府对于GDP依赖仍然存在有关。具体来看：多地在取消GDP考核的同时，依然保留了很多与GDP高度相关的指标。

第二节　政策建议

综上所述，福建省在2014年取消GDP考核之后，积极推动了农业县和生态县的发展，取得显著成果，但在发展中也存在着不足，具体政策建议如下：（1）发挥农业县和生态县的比较优势，促进各类要素向优势地区集中，与未取消县形成优势互补的经济空间布局；（2）完善主体功能区战略，对农业县和生态县精准施策，加大对农业、生态的考核比例，优化经济发展道路；（3）着力发展第三产业，并增加消费对经济增长的拉动作用；（4）加强规划引导和技术帮扶，合理配置要素，从而提升技术效率，改善全要素生产率落后地区的发展，为各县高质量发展提供新的动力。

从全国样本研究结论来看，本书政策建议如下：（1）完善考核体系，建立科学的评价标准。目前有些县（市）虽然取消了GDP考核，但是对这些县（市）的考核评价标准当中，只是机械地删除了"GDP总量"指标，而与GDP高度相关的考核指标依然存在。这使得当地的领导干部无法摆脱GDP的束缚，进而制约了改革的进程。因此，在考核体系中，淡化GDP排名，加大农业、民生、环保指标的考核权重，将GDP增长与经济效率、资源节约有机结合起来，并通过政策扶持有效引导当地政府走上高质量发展道路。（2）弱化官员政绩与GDP挂钩的状况，使得地方官员可以卸下"包袱"，专心投入到切实问题的解决上来，将取消GDP考核政策落到实处。（3）值得注意的是，在党的十九大提出高质量发展的背景下，取消 GDP 考核，并不是不要发展，而是不能"唯 GDP"，上级政府应当出台有效措施，帮助引导县级政府通过科学布局，促进经济结构调整和产业转型升级，进而实现有质量和效益的增长。

第三节　本书的局限性和未来研究展望

本书在研究过程中尚存在不足和局限性，具体如下：

（1）受到数据可得性的影响，本书福建省样本研究区间只能截取到 2018 年，全国样本研究区间截取到 2016 年，只能观察到政策实施的短期效果，未能从更长的时间跨度来考察政策产生的影响，随着今后数据的进一步更新，可以研究取消 GDP 考核政策的长期经济后果；此外，受到数据缺失的影响，本研究未能有效获取政府债和县域环境、污染治理的数据，无法从上述角度开展相关研究。

（2）本书主要从宏观层面研究了取消 GDP 考核政策的经济后果，尚未涉及微观企业层面。以 GDP 为核心的经济增长目标管理有效调动了地方政府利用投资发展经济的积极性，然而，地方政府为完成增长目标，倾向于追求粗放型经济增长方式（徐现祥和刘毓芸，2017），通过土地财政、商业银行信贷等手段驱动辖区内国企投资（谭之博和周黎安，2015；刘淑琳等，2019）。具体来看，其一，偏好重污染、高能耗的投资项目，忽视环保投资（罗党论和赖再洪，2016；孔繁成，2017）；其二，重固定资产投资，轻研发投资；其三，盲目投资，重复投资（曹春芳等，2014），造成投资结构扭曲（周黎安，2004；余泳泽等，2019）；其四，投资效率低下（唐雪松等，2010；Chen et al.，2011）。因此，如何解决以 GDP 为核心的经济增长目标对国企投资产生的负面效应，考察取消 GDP 考核改革对于国企投资的影响，从而提高国企投资质量，助力国企高质量发展，将是本书未来的研究方向。

附 录

一、宁德市各县基本指标

附表 1-1   宁德市各县历年平均 GDP   单位：亿元

县市	2010 年	2011 年	2012 年	2013 年	2014 年	2015 年	2016 年	2017 年	2018 年
福安市	177.17	268.68	307.02	306.91	335.06	354.86	378.95	414.86	469.39
福鼎市	133.85	210.65	248.14	248.12	282.47	305.83	333.08	347.48	366.44
古田县	81.87	109.08	125.36	125.33	139.83	150.12	161.27	162.98	167.50
屏南县	34.38	46.38	52.84	52.83	58.86	63.58	69.74	63.51	65.90
寿宁县	36.34	49.08	56.48	56.53	63.66	68.88	74.60	67.13	74.40
霞浦县	93.87	133.93	151.25	151.22	166.27	181.44	201.67	212.51	231.59
柘荣县	27.08	37.59	42.22	42.21	45.50	46.79	50.94	47.58	48.60
周宁县	27.23	35.62	40.75	40.74	45.04	48.69	52.86	49.59	50.90

资料来源：根据宁德市 2010~2018 年统计年鉴和 CSMAR 数据库数据整理。

附表 1-2   宁德市各县历年平均 GDP 增长率   单位：%

县市	2010 年	2011 年	2012 年	2013 年	2014 年	2015 年	2016 年	2017 年	2018 年
福安市	24.03	51.65	14.27	-0.04	9.17	5.91	6.79	9.48	13.14
福鼎市	24.44	57.38	17.80	-0.01	13.84	8.27	8.91	4.32	5.46
古田县	18.33	33.24	14.92	-0.02	11.57	7.36	7.43	1.06	2.77
屏南县	19.38	34.90	13.93	-0.02	11.41	8.02	9.69	-8.93	3.76
寿宁县	21.34	35.06	15.08	0.09	12.61	8.20	8.30	-10.01	10.83
寿宁县	17.53	42.68	12.93	-0.02	9.95	9.12	11.15	5.38	8.98
柘荣县	18.72	38.81	12.32	-0.02	7.79	2.84	8.87	-6.60	2.14
周宁县	18.86	30.81	14.40	-0.02	10.55	8.10	8.56	-6.19	2.64

资料来源：根据宁德市 2010~2018 年统计年鉴和 CSMAR 数据库数据整理。

经济增长目标转换的实施效果研究 ··

附表 1 - 3　　　　　　　　宁德市各县历年平均人均 GDP　　　　单位：万元/人

县市	2010 年	2011 年	2012 年	2013 年	2014 年	2015 年	2016 年	2017 年	2018 年
福安市	2.73	4.15	4.72	4.65	5.00	5.30	5.68	6.22	6.98
福鼎市	2.31	3.62	4.28	4.21	4.71	5.18	5.59	5.83	6.10
古田县	1.90	2.56	2.92	2.91	3.25	3.49	3.75	3.79	3.90
屏南县	1.81	2.49	2.78	2.78	3.10	3.35	3.66	3.33	3.45
寿宁县	1.35	1.85	2.09	2.09	2.27	2.65	2.81	2.53	2.80
霞浦县	1.77	2.51	2.80	2.80	3.02	3.36	3.70	3.90	4.24
柘荣县	2.46	3.58	3.84	3.84	4.14	4.25	4.68	4.37	4.43
周宁县	1.36	1.75	2.04	1.94	2.14	2.32	2.50	2.35	2.40

资料来源：根据宁德市 2010~2018 年统计年鉴和 CSMAR 数据库数据整理。

附表 1 - 4　　　　　　　　宁德市各县历年人均 GDP 增长率　　　　单位：%

县市	2010 年	2011 年	2012 年	2013 年	2014 年	2015 年	2016 年	2017 年	2018 年
福安市	23.46	52.12	13.92	-1.55	7.54	5.91	7.27	9.47	12.30
福鼎市	24.44	56.84	18.20	-1.70	11.95	10.10	7.83	4.32	4.56
古田县	18.33	34.48	13.86	-0.03	11.57	7.36	7.47	1.07	2.75
屏南县	13.10	37.80	11.53	-0.03	11.43	8.01	9.40	-8.93	3.38
寿宁县	21.35	37.08	13.37	0.09	8.58	16.53	6.18	-10.02	10.65
霞浦县	15.31	41.87	11.47	-0.02	7.95	11.15	10.19	5.37	8.80
柘荣县	7.92	45.44	7.21	-0.02	7.78	2.84	10.07	-6.59	1.19
周宁县	18.86	28.87	16.12	-4.78	10.54	8.12	7.89	-6.16	2.32

资料来源：根据宁德市 2010~2018 年统计年鉴和 CSMAR 数据库数据整理。

附表 1 - 5　　　宁德市各县历年固定资产投资（不含农户）占 GDP 比重　　单位：%

县市	2010 年	2011 年	2012 年	2013 年	2014 年	2015 年	2016 年	2017 年	2018 年
福安市	25.84	23.02	32.70	53.24	63.89	65.80	54.02	55.92	55.40
福鼎市	31.68	31.65	42.80	70.98	75.63	87.18	81.90	81.67	67.15
古田县	8.45	4.71	22.45	37.04	45.47	46.79	44.55	40.66	43.36
屏南县	29.11	27.88	36.59	47.47	57.06	67.80	69.68	92.64	105.35

168

续表

县市	2010 年	2011 年	2012 年	2013 年	2014 年	2015 年	2016 年	2017 年	2018 年
寿宁县	42.43	31.09	46.41	71.85	84.79	92.15	87.28	87.56	86.91
霞浦县	27.48	27.12	36.65	58.43	68.07	65.02	64.42	70.34	72.55
柘荣县	30.25	35.00	51.74	85.16	104.46	123.94	84.16	109.92	119.24
周宁县	28.33	28.22	39.00	67.98	82.83	94.37	95.74	115.56	124.97

资料来源：根据宁德市 2010～2018 年统计年鉴和 CSMAR 数据库数据整理。

附表 1-6　　　　宁德市各县历年社会消费品零售总额占 GDP 比重　　　单位：%

县市	2010 年	2011 年	2012 年	2013 年	2014 年	2015 年	2016 年	2017 年	2018 年
福安市	25.45	19.99	20.64	23.18	23.37	24.50	23.34	20.33	19.60
福鼎市	30.79	22.78	22.33	26.02	26.23	27.89	29.50	33.05	34.19
古田县	29.12	25.44	26.52	30.85	33.38	36.00	38.59	44.45	45.54
屏南县	29.12	21.17	21.42	24.90	25.42	26.36	26.69	33.34	34.27
寿宁县	28.50	24.17	24.22	28.06	27.68	28.44	28.55	36.57	35.57
霞浦县	40.69	33.65	34.36	39.66	36.73	36.50	36.38	37.04	36.69
柘荣县	22.92	19.24	19.70	22.26	20.78	22.50	22.97	28.77	29.95
周宁县	31.15	27.14	27.29	31.26	28.53	29.24	29.38	37.51	38.48

资料来源：根据宁德市 2010～2018 年统计年鉴和 CSMAR 数据库数据整理。

附表 1-7　　　　　　宁德市各县历年第一产业占 GDP 比重　　　　　单位：%

县市	2010 年	2011 年	2012 年	2013 年	2014 年	2015 年	2016 年	2017 年	2018 年
福安市	13.48	12.07	12.60	12.05	12.19	12.06	12.36	11.18	10.30
福鼎市	14.16	13.31	14.16	13.20	13.10	13.09	13.65	14.53	15.06
古田县	28.34	27.07	27.74	26.18	24.78	23.97	24.18	24.51	26.23
屏南县	23.14	22.04	22.60	21.38	21.26	20.83	21.11	18.56	19.65
寿宁县	26.57	25.34	25.31	23.34	22.73	22.25	21.90	21.02	20.89
霞浦县	26.26	26.02	28.51	27.77	27.35	27.13	28.28	27.00	27.61
柘荣县	16.73	16.57	19.06	16.39	15.75	15.50	16.98	15.00	15.73
周宁县	17.87	17.84	19.38	18.30	18.24	17.39	17.32	13.55	13.92

资料来源：根据宁德市 2010～2018 年统计年鉴和 CSMAR 数据库数据整理。

附表1-8　　　　　　　宁德市各县历年第二产业占 GDP 比重　　　　单位：%

县市	2010 年	2011 年	2012 年	2013 年	2014 年	2015 年	2016 年	2017 年	2018 年
福安市	54.25	57.35	58.74	60.69	61.41	60.89	58.18	60.54	61.98
福鼎市	49.98	53.42	55.48	58.58	59.91	59.22	57.70	56.88	55.89
古田县	37.91	37.30	37.24	39.44	40.83	40.15	37.03	34.61	31.38
屏南县	37.92	38.89	39.20	41.54	41.78	41.03	39.95	36.57	32.92
寿宁县	40.10	41.97	42.25	44.31	45.33	45.69	45.85	41.98	40.58
霞浦县	29.93	30.52	30.25	31.01	30.52	29.61	28.30	29.91	28.68
柘荣县	54.77	54.24	52.98	55.76	55.08	53.04	50.80	48.94	46.16
周宁县	47.59	48.09	47.06	49.29	50.09	50.13	48.63	48.49	43.99

资料来源：根据宁德市 2010~2018 年统计年鉴和 CSMAR 数据库数据整理。

附表1-9　　　　　　　宁德市各县历年第三产业占 GDP 比重　　　　单位：%

县市	2010 年	2011 年	2012 年	2013 年	2014 年	2015 年	2016 年	2017 年	2018 年
福安市	32.28	30.57	28.66	27.26	26.40	27.05	29.46	28.28	27.72
福鼎市	35.55	33.27	30.35	28.22	26.99	27.69	28.65	28.58	29.06
古田县	33.75	35.63	35.02	34.38	34.40	35.88	38.79	40.88	42.40
屏南县	38.94	39.07	38.20	37.08	36.96	38.14	38.94	44.87	47.43
寿宁县	33.33	32.69	32.45	32.35	31.95	32.06	32.25	37.00	38.53
霞浦县	43.82	43.45	41.24	41.21	42.13	43.26	43.42	43.09	43.71
柘荣县	28.49	29.19	27.96	27.84	29.18	31.46	32.21	36.06	38.11
周宁县	34.54	34.07	33.56	32.41	31.67	32.49	34.05	37.96	42.09

资料来源：根据宁德市 2010~2018 年统计年鉴和 CSMAR 数据库数据整理。

附表1-10　　　　　　　宁德市各县历年农村居民人均纯收入　　　　单位：千元

县市	2010 年	2011 年	2012 年	2013 年	2014 年	2015 年	2016 年	2017 年	2018 年
福安市	7.03	8.37	9.46	10.80	11.78	12.98	14.15	15.39	16.88
福鼎市	6.88	8.19	9.32	10.55	11.51	12.65	13.90	15.06	16.41
古田县	7.63	9.01	10.18	11.47	12.10	13.11	14.21	15.54	17.11
屏南县	5.91	7.10	8.13	9.17	10.14	11.09	12.14	13.30	14.62

县市	2010 年	2011 年	2012 年	2013 年	2014 年	2015 年	2016 年	2017 年	2018 年
寿宁县	5.82	6.92	7.94	9.03	9.89	10.75	11.69	12.70	13.94
霞浦县	6.94	8.20	9.42	10.79	11.34	12.53	13.74	15.15	16.38
柘荣县	5.99	7.11	8.10	9.16	10.29	11.16	12.11	13.19	14.32
周宁县	6.12	7.25	8.16	9.23	10.55	11.56	12.62	13.69	14.98

资料来源：根据宁德市 2010～2018 年统计年鉴和 CSMAR 数据库数据整理。

附表 1－11　　　　　**宁德市各县历年医院及卫生院床位数**　　　　单位：张/万人

县市	2010 年	2011 年	2012 年	2013 年	2014 年	2015 年	2016 年	2017 年	2018 年
福安市	28.42	28.50	25.82	32.94	32.52	35.45	34.74	32.40	28.79
福鼎市	20.12	26.32	25.93	26.37	32.28	26.64	33.34	29.48	29.23
古田县	17.16	19.93	27.16	30.53	30.98	33.09	33.22	33.02	32.33
屏南县	27.26	27.85	28.58	33.05	38.58	37.68	35.33	35.49	37.03
寿宁县	16.00	18.31	21.37	21.26	21.21	23.19	23.23	15.99	—
霞浦县	18.47	24.73	25.50	27.89	28.42	30.02	31.58	—	34.57
柘荣县	40.73	42.67	40.73	38.09	39.91	38.09	44.49	—	
周宁县	23.75	24.38	24.75	24.48	24.81	24.76	28.35	28.36	30.44

资料来源：根据宁德市 2010～2018 年统计年鉴和 CSMAR 数据库数据整理。

附表 1－12　　　　　**宁德市各县历年社会福利收养性单位数**　　　　单位：个/万人

县市	2010 年	2011 年	2012 年	2013 年	2014 年	2015 年	2016 年	2017 年	2018 年
福安市	0.43	0.32	0.55	0.68	0.70	0.70	0.70	0.55	0.57
福鼎市	0.22	0.19	0.24	0.22	0.42	0.29	0.29	0.44	0.40
古田县	0.42	0.19	0.26	0.28	0.28	0.30	0.30	0.28	0.28
屏南县	0.53	0.43	0.42	0.58	0.58	0.47	0.47	0.47	0.47
寿宁县	0.44	0.45	0.44	0.44	0.46	0.54	0.60	0.64	0.56
霞浦县	0.28	0.32	0.31	0.80	1.25	1.37	1.36	1.23	1.30
柘荣县	0.09	0.10	1.91	2.45	2.45	2.45	2.48	2.30	6.10
周宁县	0.45	0.44	0.45	0.43	0.43	0.43	0.47	0.52	0.42

资料来源：根据宁德市 2010～2018 年统计年鉴和 CSMAR 数据库数据整理。

附表 1-13　　　　　宁德市各县历年社会福利收养性单位床位数　　　单位：张/万人

县市	2010年	2011年	2012年	2013年	2014年	2015年	2016年	2017年	2018年
福安市	4.15	18.24	25.85	28.86	29.28	29.36	28.86	19.25	21.28
福鼎市	9.48	14.26	11.90	10.93	15.18	13.83	14.53	12.54	16.89
古田县	3.14	12.61	15.28	12.42	12.42	13.35	12.19	11.17	10.93
屏南县	21.05	23.66	23.68	21.84	21.84	19.21	19.16	19.16	19.09
寿宁县	6.30	6.39	6.30	6.81	7.29	8.12	36.35	10.56	11.07
霞浦县	4.74	8.80	9.70	12.54	20.02	20.19	23.52	21.15	21.63
柘荣县	0.91	0.95	38.82	42.18	42.18	42.18	42.65	32.72	65.76
周宁县	6.50	6.40	6.50	8.81	8.90	8.95	18.93	8.66	12.79

资料来源：根据宁德市 2010~2018 年统计年鉴和 CSMAR 数据库数据整理。

二、福州市各县基本指标

附表 2-1　　　　　　　　福州市各县历年平均 GDP　　　　　　　单位：亿元

县市	2010年	2011年	2012年	2013年	2014年	2015年	2016年	2017年	2018年
福清市	477.39	607.25	667.82	667.19	728.68	783.21	857.85	993.4	1102.14
连江县	188.53	268.59	302.53	302.77	325.35	352.45	388.04	430.36	469.48
罗源县	103.89	146.73	162.49	162.44	172.67	181.05	195.55	224.22	242.82
闽侯县	238.55	337.29	377.46	376.74	412.73	438.59	483.19	560.07	603.55
闽清县	84.29	106.42	117.02	116.83	130.35	141.25	148.19	166.23	226.33
平潭县	89.69	135.46	155.39	155.49	171.25	191.11	205.73	226.28	254.28
永泰县	72.98	97.94	108.71	108.67	123.78	130.92	144.37	165.86	184.61
长乐市	303.13	435.08	485.06	484.57	533.08	570.36	626.68	740.31	811.8

资料来源：根据福州市 2010~2018 年统计年鉴和 CSMAR 数据库数据整理。

附表 2-2　　　　　　　福州市各县历年平均 GDP 增长率　　　　　　单位：%

县市	2010年	2011年	2012年	2013年	2014年	2015年	2016年	2017年	2018年
福清市	16.06	27.20	9.97	-0.10	9.22	7.48	9.53	15.80	10.95
连江县	19.51	42.47	12.64	0.08	7.46	8.33	10.10	10.91	9.09
罗源县	31.70	41.24	10.74	-0.03	6.30	4.85	8.01	14.66	8.30

续表

县市	2010 年	2011 年	2012 年	2013 年	2014 年	2015 年	2016 年	2017 年	2018 年
闽侯县	21.16	41.39	11.91	-0.19	9.55	6.26	10.17	15.91	7.76
闽清县	14.24	26.26	9.96	-0.16	11.57	8.36	4.92	12.17	36.15
平潭县	21.89	51.04	14.71	0.07	10.13	11.60	7.65	9.99	12.37
永泰县	18.47	34.20	11.00	-0.03	13.91	5.76	10.28	14.88	11.30
长乐市	19.03	43.53	11.49	-0.10	10.01	6.99	9.87	18.13	9.66

资料来源：根据福州市 2010~2018 年统计年鉴和 CSMAR 数据库数据整理。

附表 2-3　　　　　　福州市各县历年平均人均 GDP　　　　　单位：万元

县市	2010 年	2011 年	2012 年	2013 年	2014 年	2015 年	2016 年	2017 年	2018 年
福清市	3.73	4.74	5.18	5.05	5.44	5.84	6.31	7.27	7.98
连江县	2.99	4.22	4.73	4.66	4.93	5.26	5.78	6.40	6.94
罗源县	4.00	5.73	6.25	6.25	6.64	6.71	7.34	8.36	9.02
闽侯县	3.67	5.22	5.81	5.71	6.25	6.55	7.18	8.21	8.69
闽清县	2.72	3.39	3.66	3.65	4.07	4.41	4.58	5.12	6.96
平潭县	2.24	3.33	3.79	3.70	3.98	4.44	4.70	5.11	5.67
永泰县	2.03	2.70	2.94	2.94	3.26	3.36	3.76	4.33	4.79
长乐市	4.39	6.31	7.03	6.92	7.51	8.03	8.64	10.05	10.82

资料来源：根据福州市 2010~2018 年统计年鉴和 CSMAR 数据库数据整理。

附表 2-4　　　　福州市各县历年平均人均 GDP 增长率　　　　单位：%

县市	2010 年	2011 年	2012 年	2013 年	2014 年	2015 年	2016 年	2017 年	2018 年
福清市	13.37	27.08	9.28	-2.51	7.72	7.35	8.05	15.21	9.77
连江县	19.60	41.14	12.09	-1.48	5.79	6.69	9.89	10.73	8.44
罗源县	32.01	43.25	9.08	-0.03	6.24	1.05	9.39	13.90	7.89
闽侯县	19.16	42.23	11.30	-1.72	9.46	4.80	9.62	14.35	5.85
闽清县	14.29	24.63	7.96	-0.27	11.51	8.35	3.85	11.79	35.94
平潭县	18.52	48.66	13.81	-2.37	7.57	11.56	5.86	8.72	10.96
永泰县	18.71	33.00	8.89	-0.03	10.88	3.07	11.90	15.16	10.62
长乐市	15.53	43.74	11.41	-1.56	8.53	6.92	7.60	16.32	7.66

资料来源：根据福州市 2010~2018 年统计年鉴和 CSMAR 数据库数据整理。

　福州市各县历年固定资产投资（不含农户）占GDP比重　　单位：%

县市	2010年	2011年	2012年	2013年	2014年	2015年	2016年	2017年	2018年
福清市	47.70	53.56	69.00	82.35	71.76	97.74	101.13	101.62	105.43
连江县	42.53	44.64	85.29	112.63	130.54	147.16	122.22	102.70	104.02
罗源县	46.60	45.16	54.40	82.36	91.54	75.94	70.48	74.77	82.92
闽侯县	56.83	87.33	99.86	64.15	75.24	87.42	95.53	100.24	80.65
闽清县	14.91	20.63	26.18	34.28	37.90	43.90	52.37	55.33	36.85
平潭县	35.08	111.76	187.21	217.06	161.10	180.62	192.88	205.42	210.22
永泰县	18.36	24.10	29.72	49.04	5.74	61.09	61.72	67.30	50.92
长乐市	34.24	38.03	44.15	70.12	72.57	78.41	79.41	81.80	87.28

资料来源：根据福州市2010～2018年统计年鉴和CSMAR数据库数据整理。

附表2-6　　福州市各县历年社会消费品零售总额占GDP比重　　单位：%

县市	2010年	2011年	2012年	2013年	2014年	2015年	2016年	2017年	2018年
福清市	32.61	30.24	32.36	37.67	40.18	42.35	43.62	43.02	42.60
连江县	23.46	20.16	22.09	26.08	28.49	32.52	33.66	36.38	38.02
罗源县	23.22	18.80	19.78	22.75	24.74	24.98	25.14	26.01	26.84
闽侯县	29.73	25.77	28.37	37.58	42.34	44.79	47.62	49.41	52.57
闽清县	26.74	25.00	26.44	30.47	31.58	30.96	30.91	30.82	24.76
平潭县	35.10	28.15	27.86	29.93	29.51	29.16	28.82	28.49	26.96
永泰县	31.27	28.40	30.36	35.27	35.76	36.99	36.41	36.27	36.10
长乐市	23.87	20.40	22.32	26.65	28.45	31.68	30.50	28.72	28.62

资料来源：根据福州市2010～2018年统计年鉴和CSMAR数据库数据整理。

附表2-7　　　　福州市各县历年第一产业占GDP比重　　　单位：%

县市	2010年	2011年	2012年	2013年	2014年	2015年	2016年	2017年	2018年
福清市	13.50	13.14	13.10	12.25	11.55	11.03	11.18	8.89	8.63
连江县	35.55	32.19	33.87	34.54	33.07	33.49	34.53	29.55	28.94
罗源县	18.49	15.97	16.93	16.31	17.00	18.22	18.94	17.89	18.12
闽侯县	10.12	8.87	8.72	7.94	7.82	7.36	7.53	6.22	6.49
闽清县	18.63	18.22	17.94	16.86	17.09	17.53	17.96	17.00	14.31

续表

县市	2010 年	2011 年	2012 年	2013 年	2014 年	2015 年	2016 年	2017 年	2018 年
平潭县	29.45	25.51	21.95	20.52	18.59	17.49	15.98	14.90	13.59
永泰县	33.75	31.93	32.23	30.58	31.02	29.27	28.63	26.78	25.17
长乐市	9.49	8.41	8.48	7.88	7.69	7.26	7.55	6.64	6.63

资料来源：根据福州市 2010~2018 年统计年鉴和 CSMAR 数据库数据整理。

附表 2－8　　　　　　　　福州市各县历年第二产业占 GDP 比重　　　　　单位：%

县市	2010 年	2011 年	2012 年	2013 年	2014 年	2015 年	2016 年	2017 年	2018 年
福清市	50.69	48.80	48.90	49.59	49.42	48.47	45.80	51.16	49.33
连江县	34.70	38.31	37.60	38.19	39.10	38.85	37.03	43.32	43.44
罗源县	64.71	68.28	67.34	66.80	63.36	60.59	57.39	60.04	59.03
闽侯县	57.69	58.46	58.90	60.26	60.33	58.72	55.72	58.04	56.56
闽清县	56.87	55.08	55.62	55.74	54.92	53.60	50.94	45.53	50.88
平潭县	20.36	26.92	30.54	29.53	29.89	28.92	26.70	28.88	28.26
永泰县	36.45	35.58	35.87	36.08	36.23	36.58	34.41	39.80	39.92
长乐市	63.72	64.04	64.78	65.68	64.63	62.57	58.13	63.58	61.78

资料来源：根据福州市 2010~2018 年统计年鉴和 CSMAR 数据库数据整理。

附表 2－9　　　　　　　　福州市各县历年第三产业占 GDP 比重　　　　　单位：%

县市	2010 年	2011 年	2012 年	2013 年	2014 年	2015 年	2016 年	2017 年	2018 年
福清市	35.81	38.07	38.00	38.16	39.02	40.50	43.02	39.95	42.04
连江县	29.75	29.50	28.53	27.27	27.83	27.66	28.44	27.12	27.62
罗源县	16.80	15.76	15.73	16.89	19.64	21.19	23.67	22.07	22.85
闽侯县	32.18	32.67	32.38	31.80	31.85	33.93	36.76	35.73	36.95
闽清县	24.50	26.70	26.43	27.40	27.99	28.87	31.10	37.47	34.80
平潭县	50.19	47.57	47.51	49.95	51.52	53.59	57.31	56.22	58.16
永泰县	29.80	32.49	31.90	33.34	32.75	34.15	36.97	33.42	34.91
长乐市	26.79	27.55	26.74	26.44	27.69	30.17	34.32	29.78	31.59

资料来源：根据福州市 2010~2018 年统计年鉴和 CSMAR 数据库数据整理。

附表 2 - 10　　　　　福州市各县历年农村居民人均纯收入　　　　单位：千元

县市	2010 年	2011 年	2012 年	2013 年	2014 年	2015 年	2016 年	2017 年	2018 年
福清市	10.15	11.91	13.50	15.06	16.43	17.84	19.23	21.10	22.92
连江县	7.74	9.08	10.33	11.61	12.71	13.83	14.97	16.37	17.83
罗源县	6.96	8.24	9.36	10.52	11.07	11.95	12.79	13.74	14.87
闽侯县	8.03	9.51	10.83	12.12	13.39	14.56	15.65	16.98	18.49
闽清县	6.95	8.16	9.26	10.32	10.58	11.45	12.17	13.48	14.71
平潭县	6.59	7.98	9.26	10.41	11.59	12.65	13.61	14.64	16.01
永泰县	6.20	7.34	8.36	9.43	10.22	11.07	11.79	13.21	14.32
长乐市	9.97	11.71	13.31	14.84	16.01	17.36	18.84	20.30	22.20

资料来源：根据福州市 2010～2018 年统计年鉴和 CSMAR 数据库数据整理。

附表 2 - 11　　　　　福州市各县历年医院及卫生院床位数　　　　单位：张/万人

县市	2010 年	2011 年	2012 年	2013 年	2014 年	2015 年	2016 年	2017 年	2018 年
福清市	17.38	17.16	23.37	22.84	22.17	23.45	23.73	23.41	—
连江县	10.63	10.53	12.88	15.09	19.30	15.85	16.16	19.69	24.58
罗源县	22.00	23.01	27.31	28.38	28.38	29.56	39.96	41.37	43.05
闽侯县	11.85	11.15	15.08	14.89	15.02	17.94	21.22	21.48	22.95
闽清县	31.35	30.96	47.16	47.16	47.16	47.16	46.63	—	—
平潭县	18.08	17.71	22.56	18.81	25.58	31.28	31.25	—	—
永泰县	19.03	19.04	22.57	27.97	29.08	28.33	28.95	—	—
长乐市	22.57	23.72	25.25	28.10	27.83	28.72	28.34	27.78	31.90

资料来源：根据福州市 2010～2018 年统计年鉴和 CSMAR 数据库数据整理。

附表 2 - 12　　　　　福州市各县历年社会福利收养性单位数　　　　单位：个/万人

县市	2010 年	2011 年	2012 年	2013 年	2014 年	2015 年	2016 年
福清市	0.023	0.023	0.023	0.023	0.022	0.022	0.022
连江县	0.016	0.016	0.016	0.015	0.015	0.015	0.164
罗源县	0.500	0.508	0.500	0.500	0.500	0.481	0.525
闽侯县	0.062	0.062	0.062	0.061	0.061	0.015	0.015

续表

县市	2010 年	2011 年	2012 年	2013 年	2014 年	2015 年	2016 年
闽清县	0.355	0.414	0.406	0.469	0.500	0.375	0.340
平潭县	0.275	0.319	0.341	0.333	0.302	0.256	0.228
永泰县	0.028	0.028	0.027	0.027	0.132	0.256	0.417
长乐市	0.174	0.174	0.174	0.171	0.324	0.408	0.469

资料来源：根据福州市 2010~2018 年统计年鉴和 CSMAR 数据库数据整理。

附表 2-13   福州市各县历年社会福利收养性单位床位数   单位：张/万人

县市	2010 年	2011 年	2012 年	2013 年	2014 年	2015 年	2016 年	2017 年	2018 年
福清市	1.52	1.68	1.74	2.02	2.01	2.01	1.99	—	—
连江县	0.71	0.71	0.70	0.69	0.61	0.60	7.03	31.19	65.75
罗源县	5.77	5.86	6.08	9.77	11.58	12.11	21.42		
闽侯县	2.00	2.01	2.17	2.14	2.14	2.24	2.23	—	—
闽清县	8.71	9.14	11.47	12.81	16.63	16.00	12.98	—	—
平潭县	3.93	9.95	14.56	14.21	13.88	12.95	9.64		
永泰县	0.69	0.69	0.68	0.68	2.05	3.38	5.40	—	—
长乐市	11.07	11.55	11.38	19.14	33.59	44.65	45.08	—	—

资料来源：根据福州市 2010~2018 年统计年鉴和 CSMAR 数据库数据整理。

三、三明市各县基本指标

附表 3-1   三明市各县历年平均 GDP   单位：亿元

县市	2010 年	2011 年	2012 年	2013 年	2014 年	2015 年	2016 年	2017 年	2018 年
大田县	85.72	123.23	135.30	135.23	148.68	157.22	174.52	202.38	226.70
建宁县	42.81	59.75	66.90	66.87	74.14	80.09	87.55	95.31	107.87
将乐县	53.59	77.55	88.27	88.25	96.95	101.88	108.64	121.22	137.81
明溪县	31.76	44.69	49.41	49.41	55.21	58.58	64.53	73.53	81.61
宁化县	58.82	80.86	91.05	90.96	101.58	108.64	118.70	128.96	145.16
清流县	42.47	60.92	68.37	68.35	75.86	80.86	89.02	104.95	117.76

续表

县市	2010 年	2011 年	2012 年	2013 年	2014 年	2015 年	2016 年	2017 年	2018 年
沙县	104.29	145.81	163.81	163.68	179.96	191.16	205.90	228.01	254.21
泰宁县	45.43	64.05	70.10	70.04	76.93	82.98	90.27	94.45	105.15
永安市	182.81	246.42	270.16	269.99	297.23	314.58	337.24	380.52	427.76
尤溪县	99.95	139.28	157.05	157.04	176.68	188.07	205.78	220.06	246.44

资料来源：根据三明市 2010~2018 年统计年鉴和 CSMAR 数据库数据整理。

附表 3 - 2　　　　　**三明市各县历年平均 GDP 增长率**　　　　单位：%

县市	2010 年	2011 年	2012 年	2013 年	2014 年	2015 年	2016 年	2017 年	2018 年
大田县	29.87	43.76	9.79	-0.05	9.95	5.74	11.00	15.96	12.02
建宁县	22.03	39.58	11.97	-0.05	10.87	8.03	9.32	8.86	13.18
将乐县	21.57	44.72	13.82	-0.02	9.86	5.08	6.64	11.58	13.69
明溪县	19.34	40.73	10.56	0.00	11.74	6.10	10.16	13.96	10.99
宁化县	22.19	37.47	12.60	-0.10	11.68	6.95	9.26	8.64	12.56
清流县	21.10	43.44	12.23	-0.03	10.98	6.59	10.09	17.90	12.20
沙县	21.56	39.81	12.34	-0.08	9.95	6.22	7.71	10.74	11.49
泰宁县	14.92	40.99	9.45	-0.08	9.84	7.85	8.80	4.62	11.33
永安市	21.94	34.80	9.63	-0.06	10.09	5.84	7.20	12.83	12.42
尤溪县	20.22	39.34	12.76	0.00	12.50	6.45	9.42	6.94	11.99

资料来源：根据三明市 2010~2018 年统计年鉴和 CSMAR 数据库数据整理。

附表 3 - 3　　　　　**三明市各县历年平均人均 GDP**　　　　单位：万元

县市	2010 年	2011 年	2012 年	2013 年	2014 年	2015 年	2016 年	2017 年	2018 年
大田县	2.32	3.34	3.66	3.65	3.81	3.93	4.26	4.93	5.45
建宁县	2.85	3.98	4.46	4.18	4.63	5.01	5.62	6.11	6.91
将乐县	3.15	4.41	4.90	4.90	5.39	5.36	5.84	6.51	7.35
明溪县	2.65	3.85	4.12	4.12	4.60	4.88	5.45	6.21	6.86
宁化县	1.63	2.26	2.53	2.46	2.67	2.86	3.15	3.42	3.84
清流县	2.83	4.17	4.56	4.56	4.74	5.05	5.71	6.73	7.56

续表

县市	2010 年	2011 年	2012 年	2013 年	2014 年	2015 年	2016 年	2017 年	2018 年
沙县	4.01	5.72	6.30	6.30	6.67	7.08	7.63	8.43	9.34
泰宁县	3.49	4.89	5.39	5.39	5.50	5.93	6.56	6.85	7.58
永安市	5.54	7.56	8.19	8.18	9.01	9.53	10.18	11.49	12.91
尤溪县	2.38	3.28	3.65	3.65	4.02	4.27	4.57	4.88	5.44

资料来源：根据三明市 2010～2018 年统计年鉴和 CSMAR 数据库数据整理。

附表 3-4　　　　　三明市各县历年平均人均 GDP 增长率　　　单位：%

县市	2010 年	2011 年	2012 年	2013 年	2014 年	2015 年	2016 年	2017 年	2018 年
大田县	29.87	44.15	9.50	-0.05	4.31	3.10	8.40	15.76	10.54
建宁县	22.03	39.58	11.97	-6.29	10.87	8.03	12.26	8.72	13.18
将乐县	21.57	39.78	11.29	-0.02	9.86	-0.45	8.93	11.46	12.96
明溪县	19.34	45.58	6.88	0.00	11.74	6.10	11.65	13.86	10.52
宁化县	22.19	38.24	11.98	-2.80	8.74	6.95	10.30	8.50	12.29
清流县	21.10	47.37	9.24	-0.03	4.05	6.59	13.06	17.75	12.42
沙县	16.88	42.55	10.18	-0.08	5.88	6.22	7.79	10.49	10.75
泰宁县	14.92	39.91	10.29	-0.08	1.99	7.85	10.61	4.47	10.69
永安市	18.24	36.45	8.31	-0.06	10.09	5.84	6.78	12.83	12.42
尤溪县	20.22	38.03	11.19	0.00	9.94	6.45	6.96	6.82	11.34

资料来源：根据三明市 2010～2018 年统计年鉴和 CSMAR 数据库数据整理。

附表 3-5　　　三明市各县历年固定资产投资（不含农户）占 GDP 比重　　　单位：%

县市	2010 年	2011 年	2012 年	2013 年	2014 年	2015 年	2016 年	2017 年	2018 年
大田县	1.03	0.76	0.89	1.17	1.28	1.46	1.56	1.58	1.42
建宁县	0.43	0.47	0.73	0.99	1.06	1.19	1.28	1.38	1.44
将乐县	0.59	0.49	0.67	0.86	0.93	1.06	1.13	1.18	1.20
明溪县	0.55	0.57	0.80	1.05	1.14	1.30	1.41	1.45	1.56
宁化县	0.60	0.58	0.89	1.17	1.26	1.41	1.48	1.57	1.60
清流县	0.52	0.52	0.74	0.94	1.01	1.13	1.11	1.10	1.16

续表

县市	2010 年	2011 年	2012 年	2013 年	2014 年	2015 年	2016 年	2017 年	2018 年
沙县	0.68	0.70	0.74	0.89	0.96	1.08	1.11	1.18	1.24
泰宁县	0.51	0.40	0.70	0.88	0.96	1.05	1.13	1.28	1.33
永安市	0.39	0.34	0.56	0.69	0.74	0.82	0.84	0.83	0.80
尤溪县	0.41	0.44	0.66	0.86	0.91	1.02	1.07	1.18	1.21

资料来源：根据三明市 2010～2018 年统计年鉴和 CSMAR 数据库数据整理。

附表 3-6　　三明市各县历年社会消费品零售总额占 GDP 比重　　　单位：%

县市	2010 年	2011 年	2012 年	2013 年	2014 年	2015 年	2016 年	2017 年	2018 年
大田县	0.24	0.20	0.22	0.25	0.26	0.28	0.28	0.27	0.24
建宁县	0.20	0.17	0.19	0.21	0.22	0.23	0.25	0.25	0.25
将乐县	0.20	0.17	0.18	0.19	0.19	0.20	0.21	0.21	0.21
明溪县	0.24	0.20	0.21	0.24	0.25	0.25	0.24	0.23	0.23
宁化县	0.26	0.23	0.25	0.29	0.30	0.32	0.30	0.30	0.30
清流县	0.21	0.18	0.19	0.22	0.24	0.23	0.24	0.23	0.23
沙县	0.25	0.22	0.23	0.26	0.24	0.25	0.25	0.24	0.24
泰宁县	0.23	0.19	0.20	0.23	0.23	0.24	0.24	0.25	0.25
永安市	0.25	0.22	0.22	0.25	0.24	0.25	0.25	0.25	0.25
尤溪县	0.22	0.18	0.19	0.22	0.21	0.21	0.22	0.22	0.21

资料来源：根据三明市 2010～2018 年统计年鉴和 CSMAR 数据库数据整理。

附表 3-7　　三明市各县历年第一产业占 GDP 比重　　　单位：%

县市	2010 年	2011 年	2012 年	2013 年	2014 年	2015 年	2016 年	2017 年	2018 年
大田县	21.21	18.67	18.13	17.69	17.64	17.04	17.74	18.56	17.84
建宁县	26.98	24.37	24.19	22.99	22.44	21.07	20.54	15.89	15.69
将乐县	20.66	17.70	17.41	16.52	16.13	15.94	15.73	13.29	13.21
明溪县	30.83	27.72	26.93	25.12	24.19	22.84	22.81	24.40	22.94
宁化县	30.31	27.48	26.97	25.26	24.42	22.52	22.06	17.85	17.62
清流县	23.62	21.22	20.58	19.53	19.36	18.30	18.37	19.77	17.76

县市	2010 年	2011 年	2012 年	2013 年	2014 年	2015 年	2016 年	2017 年	2018 年
沙县	17.07	15.28	14.90	14.27	14.06	13.77	13.46	11.01	10.87
泰宁县	22.66	20.27	19.86	18.47	17.85	18.12	17.73	12.39	12.59
永安市	10.82	9.93	9.84	9.13	8.83	8.59	8.60	7.39	7.62
尤溪县	31.46	28.40	27.37	26.07	25.21	24.13	23.62	18.70	18.04

资料来源：根据三明市 2010～2018 年统计年鉴和 CSMAR 数据库数据整理。

附表 3 - 8　　　　　三明市各县历年第二产业占 GDP 比重　　　　单位：%

县市	2010 年	2011 年	2012 年	2013 年	2014 年	2015 年	2016 年	2017 年	2018 年
大田县	50.49	50.88	52.27	52.14	51.63	49.85	47.69	50.09	50.15
建宁县	44.97	46.95	48.48	49.71	49.62	48.74	46.29	51.06	51.38
将乐县	51.41	50.76	50.74	52.68	52.74	51.71	50.17	54.82	54.68
明溪县	38.32	40.08	41.86	43.16	43.77	42.76	41.16	42.35	43.00
宁化县	38.46	39.43	40.55	42.08	42.52	42.43	40.84	46.26	46.72
清流县	42.42	43.55	46.29	47.63	47.82	46.91	45.04	47.49	48.61
沙县	50.95	49.58	50.69	52.28	52.82	52.22	50.92	55.33	55.58
泰宁县	37.85	39.87	42.67	44.05	44.14	42.15	40.59	45.67	45.65
永安市	56.02	55.29	56.63	57.37	57.58	56.40	54.64	58.69	59.24
尤溪县	38.56	40.44	42.13	42.99	42.95	41.49	39.74	44.99	44.84

资料来源：根据三明市 2010～2018 年统计年鉴和 CSMAR 数据库数据整理。

附表 3 - 9　　　　　三明市各县历年第三产业占 GDP 比重　　　　单位：%

县市	2010 年	2011 年	2012 年	2013 年	2014 年	2015 年	2016 年	2017 年	2018 年
大田县	28.30	30.45	29.60	30.17	30.74	33.11	34.57	31.36	32.00
建宁县	28.05	28.68	27.33	27.30	27.94	30.19	33.17	33.04	32.94
将乐县	27.93	31.54	31.85	30.79	31.12	32.35	34.10	31.88	32.11
明溪县	30.85	32.20	31.21	31.72	32.04	34.40	36.04	33.25	34.06
宁化县	31.23	33.09	32.48	32.66	33.06	35.05	37.11	35.89	35.66
清流县	33.96	35.23	33.12	32.84	32.82	34.79	36.59	32.75	33.64

县市	2010 年	2011 年	2012 年	2013 年	2014 年	2015 年	2016 年	2017 年	2018 年
沙县	31.98	35.14	34.41	33.45	33.12	34.01	35.62	33.67	33.55
泰宁县	39.49	39.85	37.47	37.48	38.02	39.73	41.68	41.95	41.76
永安市	33.15	34.78	33.53	33.51	33.59	35.01	36.76	33.91	33.14
尤溪县	29.98	31.17	30.50	30.95	31.84	34.37	36.63	36.31	37.12

资料来源：根据三明市 2010~2018 年统计年鉴和 CSMAR 数据库数据整理。

附表 3-10　　　　　三明市各县历年农村居民人均纯收入　　　　单位：千元

县市	2010 年	2011 年	2012 年	2013 年	2014 年	2015 年	2016 年	2017 年	2018 年
大田县	6.84	8.23	9.44	10.68	11.76	12.93	14.09	15.41	16.70
建宁县	6.32	7.51	8.59	9.57	10.57	11.72	12.85	14.09	15.47
将乐县	6.74	8.03	9.14	10.18	11.60	12.66	13.71	14.94	16.39
明溪县	6.73	7.69	8.88	9.97	10.93	12.10	12.86	13.84	15.25
宁化县	6.19	7.37	8.41	9.41	10.48	11.37	12.54	13.91	15.19
清流县	6.90	8.18	9.29	10.32	11.40	12.33	13.22	14.40	15.84
沙县	7.77	9.11	10.38	11.56	13.19	14.52	15.74	17.19	18.71
泰宁县	6.71	7.84	8.96	10.01	11.04	12.10	13.11	14.35	15.69
永安市	7.39	8.59	10.00	11.25	12.55	13.87	15.09	16.37	17.87
尤溪县	7.11	8.32	9.50	10.69	11.98	13.21	14.43	15.85	16.99

资料来源：根据三明市 2010~2018 年统计年鉴和 CSMAR 数据库数据整理。

附表 3-11　　　　　三明市各县历年医院及卫生院床位数　　　　单位：张/万人

县市	2010 年	2011 年	2012 年	2013 年	2014 年	2015 年	2016 年	2017 年	2018 年
大田县	502	512	1240	1206	940	1248	1302	—	—
建宁县	485	485	492	502	502	504	537	—	—
将乐县	597	525	651	689	764	762	764	—	—
明溪县	312	322	421	421	482	378	488	—	—
宁化县	955	782	786	814	833	852	1175	1274	1143
清流县	462	462	654	645	685	757	717	644	652

续表

县市	2010 年	2011 年	2012 年	2013 年	2014 年	2015 年	2016 年	2017 年	2018 年
沙县	677	709	925	1086	1281	1244	1108	1069	1224
泰宁县	431	534	599	599	601	654	672	672	665
永安市	1522	1522	1576	2101	2451	2501	2553	2569	2589
尤溪县	1233	1233	1233	1353	1373	1402	1497	1597	1641

资料来源：根据三明市 2010～2018 年统计年鉴和 CSMAR 数据库数据整理。

附表 3 - 12　　　三明市各县历年社会福利收养性单位数　　　单位：个/万人

县市	2010 年	2011 年	2012 年	2013 年	2014 年	2015 年	2016 年	2017 年	2018 年
大田县	17	17	17	12	17	17	19	—	—
建宁县	8	8	8	9	9	9	11	—	—
将乐县	1	1	1	1	11	11	11	—	—
明溪县	8	8	11	11	11	11	9	—	—
宁化县	13	13	13	15	15	15	16	—	18
清流县	1	1	1	1	11	11	15	—	—
沙县	15	15	15	11	12	12	11	—	—
泰宁县	6	6	8	8	9	9	9	9	8
永安市	4	4	4	15	15	14	14	16	16
尤溪县	16	17	17	16	16	16	16	—	—

资料来源：根据三明市 2010～2018 年统计年鉴和 CSMAR 数据库数据整理。

附表 3 - 13　　　三明市各县历年社会福利收养性单位床位数　　　单位：张/万人

县市	2010 年	2011 年	2012 年	2013 年	2014 年	2015 年	2016 年	2017 年	2018 年
大田县	177	177	500	236	1250	1250	1250	—	—
建宁县	81	81	81	217	217	227	282	—	—
将乐县	100	100	100	108	322	296	305	—	—
明溪县	402	278	518	660	672	672	413	—	—
宁化县	398	398	407	405	418	417	422	1369	1893
清流县	94	94	94	94	246	251	802	—	—

续表

县市	2010 年	2011 年	2012 年	2013 年	2014 年	2015 年	2016 年	2017 年	2018 年
沙县	354	354	354	221	724	910	815	438	—
泰宁县	212	360	480	480	634	604	496	880	585
永安市	40	40	40	1142	1207	1150	1154	1360	1310
尤溪县	470	520	587	381	771	700	700	—	—

资料来源：根据三明市 2010~2018 年统计年鉴和 CSMAR 数据库数据整理。

四、龙岩市各县基本指标

附表 4-1　　　　　　　　　龙岩市各县历年平均 GDP　　　　　　　单位：万元

县市	2010 年	2011 年	2012 年	2013 年	2014 年	2015 年	2016 年	2017 年	2018 年
永定县	110.97	140.88	158.46	168.58	185.05	198.23	214.61	242.01	266.23
漳平市	101.60	126.56	141.70	154.78	172.07	186.19	203.76	231.02	255.74
长汀县	88.30	111.37	126.31	141.72	157.72	168.87	184.85	208.00	231.74
上杭县	126.66	164.94	186.21	202.28	226.70	251.92	276.33	316.80	354.45
武平县	74.16	92.29	106.54	120.63	134.61	146.65	161.66	181.29	202.35
连城县	79.48	96.32	110.35	123.27	137.79	148.86	162.21	183.36	203.96

资料来源：根据龙岩市 2010~2018 年统计年鉴和 CSMAR 数据库数据整理。

附表 4-2　　　　　　　　　龙岩市各县历年平均 GDP 增长率　　　　　单位：%

县市	2010 年	2011 年	2012 年	2013 年	2014 年	2015 年	2016 年	2017 年	2018 年
永定县	17.28	26.95	12.48	6.39	9.77	7.12	8.26	12.77	10.01
漳平市	22.47	24.57	11.96	9.23	11.17	8.21	9.44	13.38	10.70
长汀县	21.47	26.13	13.41	12.20	11.29	7.07	9.46	12.52	11.41
上杭县	16.91	30.22	12.90	8.63	12.07	11.12	9.69	14.65	11.88
武平县	20.47	24.45	15.44	13.23	11.59	8.94	10.24	12.14	11.62
连城县	27.37	21.19	14.57	11.71	11.78	8.03	8.97	13.04	11.23

资料来源：根据龙岩市 2010~2018 年统计年鉴和 CSMAR 数据库数据整理。

附表 4－3　　　　　　龙岩市各县历年平均人均 GDP　　　　　　单位：万元

县市	2010 年	2011 年	2012 年	2013 年	2014 年	2015 年	2016 年	2017 年	2018 年
永定县	2.31	3.30	3.44	3.44	3.70	3.89	4.23	4.78	5.28
漳平市	3.63	5.04	5.53	5.34	5.93	6.21	6.87	7.79	8.60
长汀县	1.73	2.49	2.78	2.72	2.98	3.02	3.39	3.82	4.20
上杭县	2.53	3.78	4.05	3.96	4.45	4.84	5.22	5.99	6.67
武平县	2.00	2.86	3.17	3.17	3.45	3.76	4.03	4.52	5.02
连城县	2.41	3.33	3.74	3.62	4.05	4.36	4.68	5.29	5.85

资料来源：根据龙岩市 2010～2018 年统计年鉴和 CSMAR 数据库数据整理。

附表 4－4　　　　　龙岩市各县历年平均人均 GDP 增长率　　　　　单位：%

县市	2010 年	2011 年	2012 年	2013 年	2014 年	2015 年	2016 年	2017 年	2018 年
永定县	19.69	42.86	4.24	0.00	7.56	5.14	8.74	13.00	10.46
漳平市	22.64	38.84	9.72	－3.44	11.05	4.72	10.63	13.39	10.40
长汀县	19.31	43.93	11.65	－2.16	9.56	1.34	12.25	12.68	9.95
上杭县	16.59	49.41	7.14	－2.22	12.37	8.76	7.85	14.75	11.35
武平县	20.48	43.00	10.84	0.00	8.83	8.99	7.18	12.16	11.06
连城县	27.51	38.17	12.31	－3.21	11.88	7.65	7.34	13.03	10.59

资料来源：根据龙岩市 2010～2018 年统计年鉴和 CSMAR 数据库数据整理。

附表 4－5　　　龙岩市各县历年固定资产投资（不含农户）占 GDP 比重　　　单位：%

县市	2010 年	2011 年	2012 年	2013 年	2014 年	2015 年	2016 年	2017 年	2018 年
永定县	27.97	51.04	53.50	77.13	87.09	102.69	113.64	119.96	108.50
漳平市	42.12	59.78	65.76	79.11	94.68	100.33	106.20	109.90	116.15
长汀县	43.25	46.57	66.35	94.43	107.72	122.81	125.50	131.22	127.32
上杭县	39.48	42.30	57.95	66.74	74.07	85.73	93.07	98.53	106.82
武平县	55.22	66.82	81.66	119.32	137.80	155.71	160.42	154.88	152.22
连城县	43.30	42.40	77.32	105.35	115.88	135.57	135.67	143.49	160.21

资料来源：根据龙岩市 2010～2018 年统计年鉴和 CSMAR 数据库数据整理。

经济增长目标转换的实施效果研究 --------------------------------

附表 4 - 6　　　　　龙岩市各县历年社会消费品零售总额占 GDP 比重　　　单位：%

县市	2010 年	2011 年	2012 年	2013 年	均值 1	2014 年	2015 年	2016 年	2017 年	2018 年	均值 2
永定县	32.41	26.26	28.76	31.67	29.77	33.20	33.13	35.54	35.93	37.01	35.40
漳平市	29.85	24.72	26.05	28.66	27.32	29.26	28.21	32.18	30.58	30.86	30.46
长汀县	33.00	26.83	27.52	31.33	29.67	33.91	36.53	37.39	37.87	38.94	37.68
上杭县	25.42	20.08	21.68	24.17	22.84	25.90	30.15	30.99	27.01	26.42	28.64
武平县	31.09	25.04	26.03	29.35	27.88	31.25	37.62	41.16	41.80	42.76	40.84
连城县	36.93	31.39	32.96	37.67	34.74	40.24	33.85	32.99	32.90	34.04	33.45

资料来源：根据龙岩市 2010～2018 年统计年鉴和 CSMAR 数据库数据整理。

附表 4 - 7　　　　　　龙岩市各县历年第一产业占 GDP 比重　　　　单位：%

县市	2010 年	2011 年	2012 年	2013 年	2014 年	2015 年	2016 年	2017 年	2018 年
永定县	16.91	15.08	14.31	14.04	14.11	14.36	14.44	11.79	11.55
漳平市	14.69	13.30	13.39	13.86	13.60	12.88	12.81	12.87	12.47
长汀县	21.29	19.26	17.96	17.09	16.61	16.90	16.06	14.54	14.01
上杭县	16.31	14.31	13.31	12.72	12.07	12.02	12.24	13.20	12.37
武平县	25.48	23.63	21.33	21.17	20.76	20.38	20.42	16.20	15.80
连城县	21.33	19.86	19.28	19.44	19.28	19.00	18.29	17.00	16.33

资料来源：根据龙岩市 2010～2018 年统计年鉴和 CSMAR 数据库数据整理。

附表 4 - 8　　　　　　龙岩市各县历年第二产业占 GDP 比重　　　　单位：%

县市	2010 年	2011 年	2012 年	2013 年	2014 年	2015 年	2016 年	2017 年	2018 年
永定县	49.59	51.34	51.89	50.54	50.51	49.22	47.18	47.57	47.10
漳平市	41.01	43.73	44.39	43.37	43.57	42.38	40.35	40.54	41.13
长汀县	42.40	44.83	45.93	46.56	47.32	43.44	44.77	44.23	44.47
上杭县	55.67	54.32	55.57	54.78	54.94	54.05	52.15	46.59	47.13
武平县	36.04	38.31	40.60	40.68	41.20	40.27	38.57	40.11	40.48
连城县	42.35	43.46	43.85	43.09	42.79	40.92	39.76	41.35	41.92

资料来源：根据龙岩市 2010～2018 年统计年鉴和 CSMAR 数据库数据整理。

附表 4－9　　　　　　龙岩市各县历年第三产业占 GDP 比重　　　　单位：%

县市	2010 年	2011 年	2012 年	2013 年	2014 年	2015 年	2016 年	2017 年	2018 年
永定县	33.50	33.58	33.80	35.42	35.39	36.42	38.38	40.64	41.35
漳平市	44.30	42.97	42.23	42.78	42.83	44.73	46.84	46.59	46.41
长汀县	36.30	35.91	36.10	36.35	36.07	39.66	39.17	41.23	41.53
上杭县	28.02	31.38	31.13	32.50	32.99	33.93	35.61	40.21	40.50
武平县	38.48	38.06	38.07	38.15	38.04	39.35	41.00	43.69	43.73
连城县	36.33	36.68	36.87	37.47	37.93	40.08	41.95	41.65	41.75

资料来源：根据龙岩市 2010～2018 年统计年鉴和 CSMAR 数据库数据整理。

附表 4－10　　　　　　龙岩市各县历年农村居民人均纯收入　　　　单位：千元

县市	2010 年	2011 年	2012 年	2013 年	2014 年	2015 年	2016 年	2017 年	2018 年
永定县	7.54	8.93	10.18	11.42	12.87	14.14	15.35	16.63	18.07
漳平市	7.00	8.28	9.47	10.70	12.26	13.39	14.50	15.90	17.35
长汀县	5.97	7.09	8.19	9.22	10.58	11.66	12.77	13.99	15.35
上杭县	6.21	7.40	8.53	9.68	11.66	12.91	14.07	15.36	16.78
武平县	6.40	7.63	8.73	9.84	11.40	12.58	13.68	14.85	16.34
连城县	6.36	7.48	8.50	9.55	10.88	11.86	12.81	14.09	15.53

资料来源：根据龙岩市 2010～2018 年统计年鉴和 CSMAR 数据库数据整理。

附表 4－11　　　　　　龙岩市各县历年医院及卫生院床位数　　　　单位：张/万人

县市	2010 年	2011 年	2012 年	2013 年	2014 年	2015 年	2016 年	2017 年	2018 年
永定县	26.10	26.10	26.80	27.76	27.86	27.31	30.12	38.03	51.11
漳平市	26.71	29.72	31.25	30.17	31.31	30.27	35.15	44.25	50.19
长汀县	24.00	30.36	33.20	37.46	36.51	39.94	43.18	39.88	35.68
上杭县	24.48	27.75	30.28	33.59	32.88	34.17	35.47	29.93	30.81
武平县	25.27	33.46	34.37	45.08	41.97	35.36	42.28	44.32	43.79
连城县	27.15	28.16	33.85	34.79	34.79	38.21	37.50	40.61	38.80

资料来源：根据龙岩市 2010～2018 年统计年鉴和 CSMAR 数据库数据整理。

附表 4 - 12　　　　　龙岩市各县历年社会福利收养性单位数　　　　单位：个/万人

县市	2010 年	2011 年	2012 年	2013 年	2014 年	2015 年	2016 年	2017 年	2018 年
永定县	0.52	0.52	0.51	0.51	0.50	0.49	0.49	0.43	0.44
漳平市	0.68	0.64	0.64	0.59	0.59	0.57	0.57	—	—
长汀县	0.33	0.34	0.33	0.33	0.34	0.34	0.33		
上杭县	0.44	0.47	0.46	0.45	0.41	0.42	0.40		—
武平县	0.51	0.54	0.53	0.53	0.54	0.49	0.47		—
连城县	0.52	0.51	0.52	0.56	0.53	0.53	0.46		

资料来源：根据龙岩市 2010～2018 年统计年鉴和 CSMAR 数据库数据整理。

附表 4 - 13　　　　龙岩市各县历年社会福利收养性单位床位数　　　　单位：张/万人

县市	2010 年	2011 年	2012 年	2013 年	2014 年	2015 年	2016 年	2017 年	2018 年
永定县	7.75	12.63	13.20	14.88	15.44	15.14	18.87	16.99	17.07
漳平市	14.75	20.96	26.54	24.14	13.59	13.20	22.21	—	—
长汀县	4.61	4.64	4.61	4.65	9.17	9.17	8.99		—
上杭县	32.18	28.62	30.30	36.10	44.90	41.08	37.53		—
武平县	9.46	21.64	21.24	32.55	45.36	14.74	14.35		—
连城县	6.76	14.86	14.91	17.35	20.06	18.44	20.67		—

资料来源：根据龙岩市 2010～2018 年统计年鉴和 CSMAR 数据库数据整理。

五、南平市各县基本指标

附表 5 - 1　　　　　　南平市各县历年平均 GDP　　　　　单位：亿元

县市	2010 年	2011 年	2012 年	2013 年	2014 年	2015 年	2016 年	2017 年	2018 年
光泽县	34.32	53.97	61.50	61.44	69.08	78.41	82.98	91.18	98.77
建瓯市	103.24	140.99	158.39	158.39	175.92	198.67	218.11	237.20	266.70
建阳市	78.55	111.56	125.18	125.02	140.14	151.80	164.59	186.92	207.91
浦城县	64.65	84.96	95.19	95.18	107.80	119.06	135.03	144.26	157.54
邵武市	106.19	146.68	164.19	164.20	185.42	191.98	205.96	230.44	257.72
顺昌县	51.65	69.64	75.64	75.64	84.04	90.97	98.67	109.87	127.88

县市	2010 年	2011 年	2012 年	2013 年	2014 年	2015 年	2016 年	2017 年	2018 年
松溪县	23.86	31.37	35.67	35.66	39.83	42.86	46.64	52.21	59.72
武夷山市	65.79	98.13	109.89	109.83	123.77	135.14	150.33	167.37	186.68
政和县	23.97	34.39	38.92	38.92	43.40	50.01	56.77	61.63	69.87

资料来源：根据南平市 2010~2018 年统计年鉴和 CSMAR 数据库数据整理。

附表 5-2　　　　　　　　　南平市各县历年平均 GDP 增长率　　　　　　　　单位：%

县市	2010 年	2011 年	2012 年	2013 年	2014 年	2015 年	2016 年	2017 年	2018 年
光泽县	17.52	57.27	13.95	-0.1	12.44	13.5	5.83	9.88	8.33
建瓯市	18.40	36.57	12.34	-2.08	11.07	12.93	9.79	8.75	12.44
建阳市	18.34	42.02	12.21	-0.13	12.10	8.32	8.42	13.57	11.23
浦城县	17.72	31.41	12.04	-0.01	13.26	10.44	13.42	6.83	9.21
邵武市	18.90	38.12	11.94	0.00	12.92	3.54	7.28	11.89	11.84
顺昌县	15.00	34.84	8.62	0.00	11.12	8.24	8.46	11.35	16.40
松溪县	16.44	31.49	13.71	-0.01	11.69	7.59	8.82	11.95	14.40
武夷山市	17.70	49.15	11.98	-0.06	12.69	9.19	11.24	11.33	11.54
政和县	16.31	43.46	13.17	0.00	11.52	15.23	13.52	8.56	13.38

资料来源：根据南平市 2010~2018 年统计年鉴和 CSMAR 数据库数据整理。

附表 5-3　　　　　　　　　南平市各县历年平均人均 GDP　　　　　　　　单位：万元

县市	2010 年	2011 年	2012 年	2013 年	2014 年	2015 年	2016 年	2017 年	2018 年
光泽县	2.14	3.37	3.84	3.84	4.32	4.61	5.09	5.70	6.06
建瓯市	1.91	2.61	2.93	2.88	3.20	3.61	3.96	4.48	4.82
建阳市	2.31	3.25	3.58	3.57	4.00	4.22	4.62	5.50	5.79
浦城县	1.50	2.00	2.21	2.21	2.51	2.77	3.14	3.52	3.66
邵武市	3.43	4.83	5.30	5.30	5.98	6.19	6.72	7.68	8.42
顺昌县	2.15	2.91	3.15	3.15	3.50	3.79	4.19	4.58	5.44
松溪县	1.40	1.91	2.10	2.10	2.34	2.52	2.78	3.26	3.54
武夷山市	2.86	4.27	4.78	4.78	5.16	5.63	6.19	7.61	7.59
政和县	1.04	1.50	1.69	1.69	1.89	2.17	2.40	2.80	2.94

资料来源：根据南平市 2010~2018 年统计年鉴和 CSMAR 数据库数据整理。

附表5-4　　　　　　　南平市各县历年平均人均 GDP 增长率　　　　单位：%

县市	2010 年	2011 年	2012 年	2013 年	2014 年	2015 年	2016 年	2017 年	2018 年
光泽县	16.94	57.48	13.95	0.00	12.50	6.71	10.41	11.98	6.32
建瓯市	15.76	36.65	12.26	-1.71	11.11	12.81	9.70	13.13	7.59
建阳市	18.46	40.69	10.15	-0.28	12.04	5.50	9.48	19.05	5.27
浦城县	14.50	33.33	10.50	0.00	13.57	10.36	13.36	12.10	3.98
邵武市	15.10	40.82	9.73	0.00	12.83	3.51	8.56	14.29	9.64
顺昌县	14.97	35.35	8.25	0.00	11.11	8.29	10.55	9.31	18.78
松溪县	9.38	36.43	9.95	0.00	11.43	7.69	10.32	17.27	8.59
武夷山市	17.70	49.30	11.94	0.00	7.95	9.11	9.95	22.94	-0.26
政和县	10.64	44.23	12.67	0.00	11.83	14.81	10.60	16.67	5.00

资料来源：根据南平市 2010~2018 年统计年鉴和 CSMAR 数据库数据整理。

附表5-5　　　南平市各县历年固定资产投资（不含农户）占 GDP 比重　　　单位：%

县市	2010 年	2011 年	2012 年	2013 年	2014 年	2015 年	2016 年	2017 年	2018 年
光泽县	34.94	36.30	45.94	54.79	57.50	62.12	59.12	70.71	76.76
建瓯市	50.07	50.02	66.49	110.28	121.75	128.68	120.21	132.36	132.67
建阳市	51.98	54.93	76.21	142.92	171.53	187.19	167.61	184.13	148.65
浦城县	67.42	63.98	87.24	106.19	118.44	109.31	99.16	114.97	117.38
邵武市	59.75	48.01	76.23	117.74	144.17	179.55	164.99	167.86	172.61
顺昌县	45.13	28.50	34.73	40.76	58.14	67.09	72.86	96.58	109.20
松溪县	22.21	25.02	47.66	79.59	107.51	126.76	117.67	126.41	130.74
武夷山市	131.19	89.14	129.48	208.88	189.36	222.74	172.69	160.00	151.05
政和县	29.87	29.28	50.95	102.49	130.44	133.57	123.76	120.61	140.65

资料来源：根据南平市 2010~2018 年统计年鉴和 CSMAR 数据库数据整理。

附表5-6　　　　南平市各县历年社会消费品零售总额占 GDP 比重　　　单位：%

县市	2010 年	2011 年	2012 年	2013 年	2014 年	2015 年	2016 年	2017 年	2018 年
光泽县	29.78	21.98	21.72	23.99	22.70	22.73	23.03	23.90	24.07
建瓯市	33.58	28.56	31.28	36.33	34.68	35.27	36.02	36.29	36.58

续表

县市	2010 年	2011 年	2012 年	2013 年	2014 年	2015 年	2016 年	2017 年	2018 年
建阳市	29.45	24.25	27.90	32.26	31.38	35.85	32.36	32.18	32.08
浦城县	34.66	30.72	31.27	34.72	33.88	33.03	32.43	33.70	33.32
邵武市	43.17	37.20	40.50	49.18	50.26	48.16	51.87	52.15	52.78
顺昌县	30.59	25.93	28.27	30.74	29.41	30.79	30.15	30.05	28.64
松溪县	36.84	32.26	37.06	43.63	44.24	47.46	52.02	51.20	48.89
武夷山市	37.68	29.46	31.60	38.42	33.25	32.81	31.19	30.97	30.91
政和县	37.30	30.27	30.47	35.51	38.87	38.63	37.10	39.22	38.63

资料来源：根据南平市 2010~2018 年统计年鉴和 CSMAR 数据库数据整理。

附表 5-7　　　　南平市各县历年第一产业占 GDP 比重　　　单位：%

县市	2010 年	2011 年	2012 年	2013 年	2014 年	2015 年	2016 年	2017 年	2018 年
光泽县	35.22	41.01	42.02	42.51	43.57	46.18	44.93	42.71	41.00
建瓯市	27.92	28.69	29.20	27.69	26.67	24.76	24.76	18.69	18.16
建阳市	24.14	25.27	24.57	22.72	21.84	20.78	20.48	18.44	17.72
浦城县	28.88	26.47	27.03	25.07	25.02	25.45	28.40	22.43	21.50
邵武市	18.11	18.28	17.61	16.41	15.65	15.53	14.60	10.99	10.67
顺昌县	22.94	23.49	24.09	22.96	22.27	20.94	20.47	15.67	14.99
松溪县	33.87	32.02	31.36	30.21	29.27	27.88	27.45	23.42	21.84
武夷山市	19.05	20.19	20.28	18.73	17.97	17.44	17.37	14.18	13.71
政和县	32.69	31.14	30.33	29.16	28.30	27.53	30.88	25.53	23.57

资料来源：根据南平市 2010~2018 年统计年鉴和 CSMAR 数据库数据整理。

附表 5-8　　　　南平市各县历年第二产业占 GDP 比重　　　单位：%

县市	2010 年	2011 年	2012 年	2013 年	2014 年	2015 年	2016 年	2017 年	2018 年
光泽县	34.68	32.13	32.66	32.63	31.57	29.88	29.43	31.57	32.65
建瓯市	34.32	33.61	33.89	35.39	35.72	37.62	36.32	40.92	40.65
建阳市	42.98	43.72	45.63	47.04	47.99	47.59	46.02	48.80	49.50
浦城县	35.14	34.47	35.16	36.55	37.65	37.41	34.09	37.79	36.34

县市	2010年	2011年	2012年	2013年	2014年	2015年	2016年	2017年	2018年
邵武市	45.06	45.56	47.19	47.99	48.78	46.40	45.18	48.36	48.37
顺昌县	36.07	35.13	35.12	35.61	35.92	35.98	34.61	38.28	37.47
松溪县	32.32	33.98	34.48	35.71	36.08	36.45	35.28	38.74	39.75
武夷山市	33.36	31.76	34.18	35.89	36.95	36.80	37.38	39.83	39.01
政和县	30.75	31.72	33.77	34.60	35.15	37.40	34.66	38.82	39.40

资料来源：根据南平市2010~2018年统计年鉴和CSMAR数据库数据整理。

附表5-9　　　　南平市各县历年第三产业占GDP比重　　　单位：%

县市	2010年	2011年	2012年	2013年	2014年	2015年	2016年	2017年	2018年
光泽县	30.09	26.86	25.31	24.86	24.86	24.40	25.63	25.72	26.34
建瓯市	37.77	37.70	36.92	36.92	37.60	37.61	38.92	40.39	41.19
建阳市	32.88	31.00	29.80	30.24	30.16	31.62	33.49	32.76	32.78
浦城县	35.98	39.06	37.81	38.38	37.33	37.13	37.51	39.78	42.16
邵武市	36.83	36.16	35.20	35.59	35.57	38.08	40.22	40.65	40.96
顺昌县	40.99	41.39	40.79	41.43	41.81	43.09	44.92	46.06	47.54
松溪县	33.81	34.01	34.16	34.08	34.65	35.67	37.27	37.83	38.41
武夷山市	47.59	48.05	45.54	45.37	45.08	45.76	45.24	45.99	47.28
政和县	36.56	37.14	35.89	36.24	36.55	35.07	34.47	35.65	37.03

资料来源：根据南平市2010~2018年统计年鉴和CSMAR数据库数据整理。

附表5-10　　　　南平市各县历年农村居民人均纯收入　　　单位：千元

县市	2010年	2011年	2012年	2013年	2014年	2015年	2016年	2017年	2018年
光泽县	5.79	6.76	7.59	8.54	9.71	10.56	11.44	12.57	13.69
建瓯市	7.93	9.11	10.26	11.59	12.39	13.42	14.60	15.95	17.25
建阳市	7.07	8.27	9.35	10.68	11.24	12.36	13.54	14.65	15.90
浦城县	6.74	7.84	8.79	9.92	10.45	11.29	12.13	13.26	14.19
邵武市	7.86	9.21	10.47	11.92	12.82	14.17	15.29	16.79	18.25
顺昌县	6.79	7.91	8.86	9.98	10.71	11.62	12.73	13.88	15.19

续表

县市	2010 年	2011 年	2012 年	2013 年	2014 年	2015 年	2016 年	2017 年	2018 年
松溪县	4.89	5.55	6.32	7.10	8.45	9.38	10.27	11.21	12.26
武夷山市	7.78	8.93	10.21	11.55	12.15	13.42	14.62	15.85	17.29
政和县	5.12	5.79	6.59	7.45	8.82	9.61	10.56	11.45	12.54

资料来源：根据南平市 2010~2018 年统计年鉴和 CSMAR 数据库数据整理。

附表 5－11   南平市各县历年医院及卫生院床位数   单位：张/万人

县市	2010 年	2011 年	2012 年	2013 年	2014 年	2015 年	2016 年	2017 年	2018 年
光泽县	27.69	27.69	32.00	36.38	37.50	36.65	38.96	42.50	42.94
建瓯市	22.54	23.04	30.44	40.91	41.95	42.40	43.40	46.11	45.04
建阳市	39.76	42.62	42.57	34.29	35.91	49.83	54.47	38.79	39.74
浦城县	22.16	24.99	30.12	36.63	36.63	38.72	39.20	38.39	37.91
邵武市	39.74	44.61	43.10	42.77	57.90	75.42	76.80	78.43	71.99
顺昌县	29.25	29.37	29.75	29.96	29.42	37.50	37.84	37.50	34.00
松溪县	25.88	28.66	30.12	36.82	38.59	40.06	38.59	40.19	38.40
武夷山市	23.22	25.39	30.74	41.52	41.67	45.21	45.68	53.82	47.70
政和县	25.43	28.91	28.91	30.43	31.74	28.91	33.55	36.59	34.40

资料来源：根据南平市 2010~2018 年统计年鉴和 CSMAR 数据库数据整理。

附表 5－12   南平市各县历年社会福利收养性单位数   单位：个/万人

县市	2010 年	2011 年	2012 年	2013 年	2014 年	2015 年	2016 年	2017 年	2018 年
光泽县	0.56	0.56	0.75	0.69	0.69	0.53	0.80	0.56	0.55
建瓯市	0.24	0.24	0.24	0.24	0.31	0.29	0.29	—	—
建阳市	0.53	0.52	0.51	0.43	0.43	0.39	0.39	0.38	0.22
浦城县	0.47	0.47	0.47	0.44	0.47	0.84	0.84	—	—
邵武市	0.58	0.59	0.52	0.58	0.58	0.61	0.65	—	—
顺昌县	0.63	0.54	0.54	0.58	0.63	0.71	0.68	—	—
松溪县	0.47	0.49	0.47	0.47	0.47	0.65	0.66	—	—
武夷山市	0.70	0.70	0.70	0.70	0.71	0.33	0.41	—	—
政和县	0.65	0.65	0.65	0.65	0.65	0.65	0.64	—	—

资料来源：根据南平市 2010~2018 年统计年鉴和 CSMAR 数据库数据整理。

附表 5 – 13　　　　南平市各县历年社会福利收养性单位床位数　　　单位：张/万人

县市	2010 年	2011 年	2012 年	2013 年	2014 年	2015 年	2016 年	2017 年	2018 年
光泽县	14.13	19.00	40.75	37.56	28.50	35.35	27.42	29.75	29.45
建瓯市	6.78	6.78	6.78	6.65	17.25	21.84	21.78	—	—
建阳市	7.94	7.87	7.14	14.94	13.31	39.19	39.58	37.85	30.55
浦城县	18.35	29.41	29.07	29.37	29.37	51.63	51.56	—	—
邵武市	24.52	27.01	40.65	33.87	40.65	40.97	35.38	—	—
顺昌县	12.71	25.94	26.13	26.21	26.58	42.33	35.64	—	—
松溪县	12.00	12.56	12.12	12.12	13.53	44.47	46.81	—	—
武夷山市	13.61	13.61	13.61	13.61	29.83	43.33	25.68	—	—
政和县	16.17	16.17	16.17	16.17	16.17	16.17	15.88	—	—

资料来源：根据南平市 2010~2018 年统计年鉴和 CSMAR 数据库数据整理。

六、泉州市各县基本指标

附表 6 – 1　　　　　　　　泉州市各县历年平均 GDP　　　　　　　单位：亿元

县市	2010 年	2011 年	2012 年	2013 年	2014 年	2015 年	2016 年	2017 年	2018 年
安溪县	305.99	350.96	381.23	380.88	410.19	424.03	466.37	515.33	574.38
德化县	101.67	134.68	154.74	154.68	170.15	182.36	194.31	221.05	246.23
惠安县	399.37	544.37	619.87	619.74	691.80	749.70	819.24	949.31	1094.53
晋江市	908.88	1213.89	1363.94	1363.78	1492.86	1620.47	1744.24	1981.5	2229.00
南安市	482.28	658.99	709.99	709.61	780.51	843.39	898.14	977.38	1067.82
石狮市	370.24	500.14	570.93	570.91	638.37	676.28	703.68	772.65	836.03
永春县	170.96	232.14	262.16	262.00	290.25	306.03	329.62	373.31	419.46

资料来源：根据泉州市 2010~2018 年统计年鉴和 CSMAR 数据库数据整理。

附表 6 – 2　　　　　　　泉州市各县历年平均 GDP 增长率　　　　　单位：%

县市	2010 年	2011 年	2012 年	2013 年	2014 年	2015 年	2016 年	2017 年	2018 年
安溪县	22.91	14.70	8.62	−0.09	7.70	3.37	9.99	10.50	11.46
德化县	14.70	32.46	14.89	−0.04	10.01	7.18	6.55	13.76	11.39
惠安县	15.92	36.31	13.87	−0.02	11.63	8.37	9.28	15.88	15.30

续表

县市	2010 年	2011 年	2012 年	2013 年	2014 年	2015 年	2016 年	2017 年	2018 年
晋江市	13.77	33.56	12.36	−0.01	9.46	8.55	7.64	13.60	12.49
南安市	16.65	36.64	7.74	−0.05	9.99	8.06	6.49	8.82	9.25
石狮市	13.81	35.09	14.15	0.00	11.82	5.94	4.05	9.80	8.20
永春县	14.88	35.79	12.93	−0.06	10.78	5.44	7.71	13.26	12.36

资料来源：根据泉州市 2010～2018 年统计年鉴和 CSMAR 数据库数据整理。

附表 6-3　　　　泉州市各县历年平均人均 GDP　　　　单位：万元

县市	2010 年	2011 年	2012 年	2013 年	2014 年	2015 年	2016 年	2017 年	2018 年
安溪县	2.31	2.81	3.14	3.40	3.31	3.48	3.59	3.84	4.24
德化县	2.77	3.18	4.22	4.84	4.83	5.16	5.53	5.69	6.48
惠安县	3.63	4.16	5.64	6.39	6.32	6.92	7.42	8.01	9.29
晋江市	7.61	8.49	11.34	12.75	12.51	13.45	14.49	15.21	17.27
南安市	2.76	3.22	4.36	4.67	4.61	4.97	5.30	5.49	5.98
石狮市	10.17	11.57	15.73	17.84	17.84	19.34	20.49	20.87	22.92
永春县	2.66	3.05	4.10	4.60	4.52	4.92	5.19	5.48	6.21

资料来源：根据泉州市 2010～2018 年统计年鉴和 CSMAR 数据库数据整理。

附表 6-4　　　　泉州市各县历年平均人均 GDP 增长率　　　　单位：%

县市	2010 年	2011 年	2012 年	2013 年	2014 年	2015 年	2016 年	2017 年	2018 年
安溪县	21.78	12.02	8.24	−2.70	4.96	3.37	6.85	10.50	11.01
德化县	14.70	32.88	14.54	−0.04	6.67	7.18	3.03	13.76	9.06
惠安县	14.71	35.60	13.28	−1.04	9.39	7.30	7.96	15.88	13.35
晋江市	11.64	33.56	12.36	−1.85	7.49	7.75	4.93	13.60	9.70
南安市	16.65	35.74	7.03	−1.35	7.89	6.70	3.56	8.82	7.93
石狮市	13.81	35.93	13.44	0.00	8.43	5.94	1.86	9.80	5.57
永春县	14.88	34.36	12.14	−1.79	8.89	5.44	5.66	13.24	11.61

资料来源：根据泉州市 2010～2018 年统计年鉴和 CSMAR 数据库数据整理。

附表6-5　　　泉州市各县历年固定资产投资（不含农户）占GDP比重　　　单位：%

县市	2010年	2011年	2012年	2013年	2014年	2015年	2016年	2017年	2018年
安溪县	16.77	29.73	36.54	47.37	56.66	69.13	69.99	70.39	73.83
德化县	27.04	31.82	34.80	43.68	50.78	53.65	57.46	57.18	59.55
惠安县	37.26	26.10	50.12	63.79	52.04	53.91	59.84	55.14	53.80
晋江市	26.37	33.43	37.01	45.23	51.30	55.90	52.45	51.92	53.54
南安市	21.23	31.79	38.87	47.57	53.15	59.09	62.15	67.43	73.88
石狮市	29.95	36.04	40.02	50.27	54.12	60.37	63.83	66.31	69.67
永春县	12.46	17.46	20.75	27.09	31.68	37.14	39.15	40.18	35.69

资料来源：根据泉州市2010～2018年统计年鉴和CSMAR数据库数据整理。

附表6-6　　　　泉州市各县历年社会消费品零售总额占GDP比重　　　单位：%

县市	2010年	2011年	2012年	2013年	2014年	2015年	2016年	2017年	2018年
安溪县	29.21	30.53	32.61	37.14	38.84	48.42	49.74	50.91	54.12
德化县	33.68	29.37	28.74	31.45	31.42	27.14	28.45	27.95	31.72
惠安县	28.85	18.08	23.94	26.41	26.02	29.50	30.45	28.86	27.84
晋江市	26.61	23.62	24.24	27.41	28.18	33.05	33.74	33.69	31.88
南安市	36.08	31.16	34.04	39.28	41.44	41.85	42.96	45.00	48.21
石狮市	51.43	45.40	47.08	54.03	55.21	52.80	56.86	57.63	59.18
永春县	28.50	25.11	25.87	29.89	30.29	30.65	25.54	23.36	24.39

资料来源：根据泉州市2010～2018年统计年鉴和CSMAR数据库数据整理。

附表6-7　　　　　泉州市各县历年第一产业占GDP比重　　　单位：%

县市	2010年	2011年	2012年	2013年	2014年	2015年	2016年	2017年	2018年
安溪县	7.92	7.65	8.59	8.31	8.37	8.30	8.45	8.10	7.73
德化县	7.45	7.07	6.50	5.99	5.69	5.02	5.01	4.72	4.97
惠安县	5.77	5.39	4.79	4.34	3.91	3.76	3.55	3.23	2.78
晋江市	1.71	1.53	1.45	1.29	1.17	1.14	1.16	1.07	0.91
南安市	3.81	3.53	3.31	3.08	2.84	2.84	2.98	2.84	2.57
石狮市	3.98	3.74	3.49	3.25	2.90	2.81	3.14	2.90	3.05
永春县	8.98	8.76	8.13	7.43	7.27	7.22	7.43	6.95	5.71

资料来源：根据泉州市2010～2018年统计年鉴和CSMAR数据库数据整理。

附表 6 - 8　　　　　泉州市各县历年第二产业占 GDP 比重　　　　单位：%

县市	2010 年	2011 年	2012 年	2013 年	2014 年	2015 年	2016 年	2017 年	2018 年
安溪县	59.67	58.39	53.84	53.97	53.52	51.13	49.84	52.04	49.84
德化县	56.42	55.53	55.95	58.26	58.40	57.41	54.83	57.99	56.09
惠安县	59.96	51.21	62.43	64.37	65.42	65.14	64.29	67.84	68.00
晋江市	65.11	64.99	64.77	65.08	62.99	60.20	57.44	60.36	59.83
南安市	63.74	60.83	61.65	61.11	60.41	59.44	57.36	58.87	57.39
石狮市	56.49	54.79	56.20	56.83	56.51	53.78	49.34	50.91	49.35
永春县	50.15	50.47	53.75	55.36	55.90	54.18	52.29	55.71	56.60

资料来源：根据泉州市 2010～2018 年统计年鉴和 CSMAR 数据库数据整理。

附表 6 - 9　　　　　泉州市各县历年第三产业占 GDP 比重　　　　单位：%

县市	2010 年	2011 年	2012 年	2013 年	2014 年	2015 年	2016 年	2017 年	2018 年
安溪县	32.41	33.96	37.57	37.73	38.12	40.58	41.71	39.85	42.42
德化县	36.13	37.41	37.55	35.75	35.91	37.56	40.16	37.29	38.94
惠安县	34.27	43.40	32.78	31.29	30.67	31.11	32.16	28.92	29.23
晋江市	33.19	33.48	33.78	33.63	35.84	38.65	41.40	38.56	39.26
南安市	32.45	35.65	35.04	35.81	36.74	37.72	39.66	38.29	40.04
石狮市	39.54	41.48	40.32	39.92	40.59	43.41	47.52	46.19	47.60
永春县	40.88	40.77	38.12	37.21	36.83	38.60	40.28	37.34	37.68

资料来源：根据泉州市 2010～2018 年统计年鉴和 CSMAR 数据库数据整理。

附表 6 - 10　　　　　泉州市各县历年农村居民人均纯收入　　　　单位：千元

县市	2010 年	2011 年	2012 年	2013 年	2014 年	2015 年	2016 年	2017 年	2018 年
安溪县	8 41	9.54	10.78	12.14	12.00	13.02	14.00	15.14	16.52
德化县	7.36	8.22	9.22	10.28	10.97	11.96	13.02	14.25	15.47
惠安县	9.55	10.93	12.31	13.73	14.70	15.97	17.34	19.01	20.67
晋江市	10.54	11.97	13.50	15.21	16.61	18.17	19.88	21.87	23.78
南安市	9.57	10.92	12.32	13.81	15.48	16.79	18.25	19.86	21.63
石狮市	12.49	14.23	16.04	17.95	17.90	19.62	21.10	22.80	24.90
永春县	7.82	8.81	9.95	11.12	11.49	12.55	13.52	14.48	15.82

资料来源：根据泉州市 2010～2018 年统计年鉴和 CSMAR 数据库数据整理。

附表 6 – 11 　　　　　　泉州市各县历年医院及卫生院床位数 　　　　　单位：张/万人

县市	2010 年	2011 年	2012 年	2013 年	2014 年	2015 年	2016 年	2017 年	2018 年
安溪县	1691	1929	2127	2515	2651	2883	3553	3323	3940
德化县	650	650	754	849	849	1003	1363	1479	1495
惠安县	2169	2313	2803	2959	3185	3451	3636	—	—
晋江市	3378	3792	3958	3633	4375	4776	4771	4783	5319
南安市	3051	4180	4660	4863	4875	4946	5224	4774	—
石狮市	1320	1360	1466	1496	1511	1523	1593	1588	—
永春县	1287	1144	1162	1284	1482	1470	2134	2139	

资料来源：根据泉州市 2010～2018 年统计年鉴和 CSMAR 数据库数据整理。

附表 6 – 12 　　　　　泉州市各县历年社会福利收养性单位数 　　　　　单位：个/万人

县市	2010 年	2011 年	2012 年	2013 年	2014 年	2015 年	2016 年	2017 年	2018 年
安溪县	16	18	19	21	21	25	25	18	14
德化县	9	12	15	19	19	20	20	20	20
惠安县	8	8	13	15	20	18	18	—	—
晋江市	10	16	25	27	26	34	40		
南安市	11	11	17	17	17	21	21	—	—
石狮市	2	2	3	3	3	3	3		
永春县	10	11	14	16	17	17	17	—	—

资料来源：根据泉州市 2010～2018 年统计年鉴和 CSMAR 数据库数据整理。

附表 6 – 13 　　　　泉州市各县历年社会福利收养性单位床位数 　　　　单位：张/万人

县市	2010 年	2011 年	2012 年	2013 年	2014 年	2015 年	2016 年	2017 年	2018 年
安溪县	496	576	624	796	796	1026	1026	888	558
德化县	322	680	680	771	981	935	935	904	1174
惠安县	284	254	674	775	1011	1298	1298	—	—
晋江市	1015	2012	3152	4244	2822	5326	5776	—	—
南安市	450	550	1190	1190	1192	1480	1510	—	—
石狮市	544	544	600	600	600	600	600	—	—
永春县	614	654	774	666	707	712	712	—	—

资料来源：根据泉州市 2010～2018 年统计年鉴和 CSMAR 数据库数据整理。

七、漳州市各县基本指标

附表 7 – 1　　　　　　　　　漳州市各县历年平均 GDP　　　　　　　单位：亿元

县市	2010 年	2011 年	2012 年	2013 年	2014 年	2015 年	2016 年	2017 年	2018 年
东山县	78.41	113.67	126.80	126.76	139.50	156.31	175.90	202.70	230.70
华安县	43.31	70.97	80.80	80.71	90.42	104.66	119.18	131.48	146.64
龙海市	365.50	481.87	520.24	519.96	573.90	640.36	723.24	822.61	908.35
南靖县	107.20	154.22	173.19	172.95	195.46	212.21	242.87	286.48	314.79
平和县	87.73	126.17	140.44	140.28	159.84	172.73	195.04	202.43	226.46
云霄县	73.31	105.18	120.95	120.87	136.09	157.72	179.72	200.46	230.11
漳浦县	150.00	214.90	259.80	259.62	311.83	318.77	342.79	376.51	438.13
长泰县	78.99	128.43	149.51	149.38	167.15	186.37	209.15	241.50	284.99
诏安县	97.22	131.74	149.81	149.71	166.29	189.21	220.66	249.55	278.58

资料来源：根据漳州市 2010 ~ 2018 年统计年鉴和 CSMAR 数据库数据整理。

附表 7 – 2　　　　　　　漳州市各县历年平均 GDP 增长率　　　　　　单位：%

县市	2010 年	2011 年	2012 年	2013 年	2014 年	2015 年	2016 年	2017 年	2018 年
东山县	32.90	44.96	11.55	− 0.03	10.05	12.04	12.54	15.23	13.82
华安县	20.87	63.88	13.85	− 0.11	12.03	15.74	13.87	10.33	11.53
龙海市	23.99	31.84	7.96	− 0.05	10.37	11.58	12.94	13.74	10.42
南靖县	19.79	43.86	12.30	− 0.14	13.01	8.57	14.45	17.95	9.88
平和县	21.01	43.82	11.31	− 0.12	13.95	8.06	12.92	3.79	11.87
云霄县	25.70	43.47	14.99	− 0.06	12.59	15.89	13.95	11.54	14.79
漳浦县	19.43	43.27	20.89	− 0.07	20.11	2.23	7.53	9.84	16.37
长泰县	27.91	62.60	16.41	− 0.09	11.90	11.50	12.23	15.47	18.01
诏安县	20.16	35.51	13.72	− 0.07	11.07	13.78	16.62	13.09	11.63

资料来源：根据漳州市 2010 ~ 2018 年统计年鉴和 CSMAR 数据库数据整理。

附表 7 - 3　　　　　　漳州市各县历年人均平均 GDP　　　　　单位：万元

县市	2010 年	2011 年	2012 年	2013 年	2014 年	2015 年	2016 年	2017 年	2018 年
东山县	3.73	5.41	6.04	6.04	6.64	7.10	8.04	9.09	10.25
华安县	2.71	4.33	5.05	4.75	5.32	6.16	7.04	7.92	8.78
龙海市	4.57	5.85	6.27	6.19	6.75	7.45	8.17	8.67	9.50
南靖县	3.06	4.37	4.95	4.80	5.43	5.89	6.71	8.23	8.97
平和县	1.51	2.17	2.42	2.34	2.62	2.83	3.15	3.91	4.34
云霄县	1.67	2.40	2.75	2.75	3.02	3.50	3.89	4.73	5.38
漳浦县	1.79	2.50	2.99	2.98	3.50	3.54	3.69	4.50	5.19
长泰县	3.95	6.49	7.48	7.47	8.36	8.87	9.95	10.73	12.55
诏安县	1.62	2.17	2.46	2.41	2.56	2.91	3.28	4.02	4.46

资料来源：根据漳州市 2010～2018 年统计年鉴和 CSMAR 数据库数据整理。

附表 7 - 4　　　　　漳州市各县历年平均人均 GDP 增长率　　　　　单位：%

县市	2010 年	2011 年	2012 年	2013 年	2014 年	2015 年	2016 年	2017 年	2018 年
东山县	32.74	45.04	11.65	0	9.93	6.93	13.24	13.06	12.76
华安县	20.98	59.78	16.63	− 5.94	12.00	15.79	14.29	12.50	10.86
龙海市	25.55	28.01	7.18	− 1.28	9.05	10.37	9.66	6.12	9.57
南靖县	19.53	42.81	13.27	− 3.03	13.13	8.47	13.92	22.65	8.99
平和县	20.80	43.71	11.52	− 3.31	11.97	8.02	11.31	24.13	11.00
云霄县	22.79	43.71	14.58	0	9.82	15.89	11.14	21.59	13.74
漳浦县	19.33	39.66	19.60	− 0.33	17.45	1.14	4.24	21.95	15.33
长泰县	27.83	64.30	15.25	− 0.13	11.91	6.10	12.18	7.84	16.96
诏安县	18.25	33.95	13.36	− 2.03	6.22	13.67	12.71	22.56	10.95

资料来源：根据漳州市 2010～2018 年统计年鉴和 CSMAR 数据库数据整理。

附表 7 - 5　　漳州市各县历年固定资产投资（不含农户）占 GDP 比重　　单位：%

县市	2010 年	2011 年	2012 年	2013 年	2014 年	2015 年	2016 年	2017 年	2018 年
东山县	51.04	59.13	68.42	94.76	93.19	102.48	100.12	110.48	46.00
华安县	77.56	75.44	92.31	120.71	110.95	76.69	84.32	95.60	55.53

续表

县市	2010 年	2011 年	2012 年	2013 年	2014 年	2015 年	2016 年	2017 年	2018 年
龙海市	39.34	42.71	57.29	59.82	67.91	78.28	79.02	77.57	29.60
南靖县	40.02	52.28	60.36	81.64	87.49	97.25	101.45	110.13	66.52
平和县	27.64	35.44	50.66	73.53	77.45	87.64	92.09	105.87	54.30
云霄县	40.87	45.59	60.56	79.91	109.98	124.35	136.57	154.51	91.91
漳浦县	88.49	60.85	64.46	71.43	89.79	101.66	106.75	100.74	56.83
长泰县	85.19	81.52	102.30	135.16	142.56	150.28	109.83	111.87	85.97
诏安县	33.24	38.35	49.02	77.96	89.16	101.89	110.53	125.11	51.32

资料来源：根据漳州市 2010～2018 年统计年鉴和 CSMAR 数据库数据整理。

附表 7-6　　　　**漳州市各县历年社会消费品零售总额占 GDP 比重**　　　单位：%

县市	2010 年	2011 年	2012 年	2013 年	2014 年	2015 年	2016 年	2017 年	2018 年
东山县	28.15	24.21	25.05	27.71	22.88	22.13	21.97	21.86	21.64
华安县	16.55	16.94	19.29	22.86	20.01	21.56	22.02	22.47	23.35
龙海市	20.42	19.94	21.01	22.96	18.67	17.59	17.43	17.15	17.30
南靖县	21.04	20.86	21.57	22.88	18.16	17.96	17.43	16.04	16.89
平和县	37.43	32.64	33.67	37.67	29.73	28.47	27.01	28.44	28.45
云霄县	36.43	35.12	36.32	40.87	33.79	34.02	34.40	35.37	35.31
漳浦县	35.26	30.44	31.10	35.04	27.52	29.06	30.07	30.28	29.75
长泰县	15.50	13.25	13.56	15.37	13.43	14.17	14.63	14.50	14.20
诏安县	40.24	38.67	41.22	46.98	40.48	43.04	42.58	43.79	44.06

资料来源：根据漳州市 2010～2018 年统计年鉴和 CSMAR 数据库数据整理。

附表 7-7　　　　**漳州市各县历年第一产业占 GDP 比重**　　　单位：%

县市	2010 年	2011 年	2012 年	2013 年	2014 年	2015 年	2016 年	2017 年	2018 年
东山县	25.65	25.30	23.18	20.73	18.94	18.70	17.97	16.81	16.49
华安县	28.40	24.81	22.76	22.08	21.42	23.73	23.61	20.71	20.57
龙海市	10.83	10.75	10.94	10.09	9.29	8.39	8.49	8.12	8.06
南靖县	29.25	24.52	25.04	22.62	22.85	19.83	19.67	20.35	18.99

续表

县市	2010 年	2011 年	2012 年	2013 年	2014 年	2015 年	2016 年	2017 年	2018 年
平和县	41.57	36.94	35.61	32.22	31.16	28.39	27.52	20.47	20.06
云霄县	28.37	22.04	20.91	18.47	16.46	17.08	15.87	13.37	16.22
漳浦县	28.78	25.35	23.75	20.50	18.10	18.34	20.53	18.54	17.31
长泰县	14.88	12.34	11.19	9.79	9.05	8.57	7.36	5.71	5.16
诏安县	30.48	24.87	24.82	22.05	20.23	19.15	18.95	18.18	17.21

资料来源：根据漳州市 2010～2018 年统计年鉴和 CSMAR 数据库数据整理。

附表 7-8　　　　　　**漳州市各县历年第二产业占 GDP 比重**　　　单位：%

县市	2010 年	2011 年	2012 年	2013 年	2014 年	2015 年	2016 年	2017 年	2018 年
东山县	42.18	41.10	44.20	45.73	46.18	45.02	43.97	46.83	46.43
华安县	43.82	45.60	50.25	51.64	51.99	48.95	49.04	53.75	52.63
龙海市	59.19	54.78	54.70	54.31	54.23	52.99	51.92	55.55	53.84
南靖县	41.14	44.54	44.67	46.98	46.15	46.33	44.94	47.35	47.74
平和县	21.40	22.68	25.82	27.56	28.70	29.22	28.78	34.67	33.73
云霄县	35.75	38.95	42.16	44.91	46.00	43.85	43.87	48.78	45.92
漳浦县	34.48	33.57	35.98	40.14	43.54	38.01	33.12	37.30	39.89
长泰县	56.42	54.95	57.19	59.60	59.47	58.28	57.50	62.16	63.43
诏安县	35.72	39.27	39.70	41.64	42.11	40.74	40.04	43.56	43.20

资料来源：根据漳州市 2010～2018 年统计年鉴和 CSMAR 数据库数据整理。

附表 7-9　　　　　　**漳州市各县历年第三产业占 GDP 比重**　　　单位：%

县市	2010 年	2011 年	2012 年	2013 年	2014 年	2015 年	2016 年	2017 年	2018 年
东山县	32.17	33.60	32.62	33.54	34.88	36.28	38.06	36.06	37.08
华安县	27.78	29.59	26.99	26.28	26.59	27.32	27.35	25.54	26.80
龙海市	29.98	34.47	34.36	35.60	36.48	38.62	39.59	36.33	38.10
南靖县	29.61	30.94	30.29	30.40	31.00	33.84	35.39	32.30	33.27
平和县	37.03	40.38	38.57	40.22	40.14	42.39	43.70	44.86	46.21
云霄县	35.88	39.01	36.93	36.62	37.54	39.07	40.26	37.85	37.86

续表

县市	2010 年	2011 年	2012 年	2013 年	2014 年	2015 年	2016 年	2017 年	2018 年
漳浦县	36.74	41.08	40.27	39.36	38.36	43.65	46.35	44.16	42.80
长泰县	28.70	32.71	31.62	30.61	31.48	33.15	35.14	32.13	31.41
诏安县	33.80	35.86	35.48	36.31	37.66	40.11	41.01	38.26	39.59

资料来源：根据漳州市 2010～2018 年统计年鉴和 CSMAR 数据库数据整理。

附表 7－10 漳州市各县历年农村居民人均纯收入 单位：千元

县市	2010 年	2011 年	2012 年	2013 年	2014 年	2015 年	2016 年	2017 年	2018 年
东山县	8.49	10.15	11.59	13.14	14.56	16.04	17.89	19.34	20.79
华安县	8.01	9.26	10.54	11.83	12.53	13.65	14.97	16.37	17.76
龙海市	8.06	9.13	10.41	11.71	13.36	14.57	16.10	17.47	19.01
南靖县	7.48	8.63	9.74	10.85	11.99	13.01	14.31	15.74	17.29
平和县	7.61	8.81	10.14	11.19	12.42	13.50	14.83	16.15	17.65
云霄县	7.30	8.38	9.54	10.62	11.71	12.76	14.05	15.35	16.81
漳浦县	8.00	9.35	10.64	11.91	13.58	14.86	16.54	18.11	19.77
长泰县	7.91	9.28	10.63	11.93	13.42	14.74	16.14	17.70	19.15
诏安县	7.31	8.58	9.62	10.63	11.31	12.39	13.71	14.75	16.24

资料来源：根据漳州市 2010～2018 年统计年鉴和 CSMAR 数据库数据整理。

附表 7－11 漳州市各县历年医院及卫生院床位数 单位：张/万人

县市	2010 年	2011 年	2012 年	2013 年	2014 年	2015 年	2016 年	2017 年	2018 年
东山县	18.00	22.86	21.05	20.24	20.29	27.27	40.63	43.50	—
华安县	18.00	26.22	27.69	29.00	31.29	32.00	32.45	34.34	35.93
龙海市	17.43	17.71	21.43	23.92	26.62	30.25	33.80	22.45	26.82
南靖县	17.54	17.82	19.54	22.56	24.22	24.61	27.26	30.34	30.37
平和县	13.03	15.75	26.95	28.47	28.00	30.38	31.12	—	—
云霄县	15.00	20.46	24.77	26.36	23.13	32.89	33.65	—	—
漳浦县	17.01	18.65	20.17	23.77	23.98	24.94	30.28	—	—
长泰县	26.65	24.39	31.65	31.65	35.15	40.10	38.23	—	—
诏安县	10.77	13.66	19.10	25.85	28.63	29.12	28.27	32.15	35.36

资料来源：根据漳州市 2010～2018 年统计年鉴和 CSMAR 数据库数据整理。

附表 7-12　　　　　漳州市各县历年社会福利收养性单位数　　　　单位：个/万人

县市	2010 年	2011 年	2012 年	2013 年	2014 年	2015 年	2016 年	2017 年	2018 年
东山县	0.24	0.24	0.19	0.29	0.29	0.27	0.32	0.49	—
华安县	0.50	0.49	0.50	0.47	0.35	1.29	2.54	2.83	3.71
龙海市	0.23	0.22	0.40	0.39	0.54	0.67	0.98	—	—
南靖县	0.37	0.37	0.37	0.69	0.36	0.36	0.36	—	—
平和县	0.24	0.24	0.28	0.35	0.44	1.23	1.29	—	—
云霄县	—	—	—	0.02	0.36	0.73	1.95	—	—
漳浦县	0.14	0.14	0.28	0.32	0.33	0.37	0.37	—	—
长泰县	0.25	0.25	0.25	0.50	0.50	1.24	1.76	—	—
诏安县	0.17	0.16	0.25	0.24	0.48	0.45	0.49	—	—

资料来源：根据漳州市 2010~2018 年统计年鉴和 CSMAR 数据库数据整理。

附表 7-13　　　　漳州市各县历年社会福利收养性单位床位数　　　　单位：张/万人

县市	2010 年	2011 年	2012 年	2013 年	2014 年	2015 年	2016 年	2017 年	2018 年
东山县	2.86	2.86	3.81	9.52	9.76	9.77	47.85	4.62	—
华安县	15.63	15.24	15.63	14.71	17.53	45.29	45.98	54.58	60.54
龙海市	3.26	3.17	20.90	20.65	32.82	34.43	41.45	—	—
南靖县	7.57	7.51	7.57	39.39	39.39	39.39	46.20	—	—
平和县	10.69	10.67	16.26	21.62	22.75	32.05	31.54	—	—
云霄县	—	—	—	0.23	14.44	32.67	32.76	—	—
漳浦县	5.24	5.12	5.11	7.41	8.03	9.72	12.63	—	—
长泰县	10.00	10.10	10.00	13.65	8.95	34.38	24.44	—	—
诏安县	3.83	3.79	13.20	14.21	18.92	20.52	21.05	—	—

资料来源：根据漳州市 2010~2018 年统计年鉴和 CSMAR 数据库数据整理。

参 考 文 献

[1] 曹春方, 马连福, 沈小秀. 财政压力、晋升压力、官员任期与地方国企过度投资 [J]. 经济学 (季刊), 2014, 13 (04): 1415 – 1436.

[2] 曹小曙, 徐建斌. 中国省际边界区县域经济格局及影响因素的空间异质性 [J]. 地理学报, 2018, 73 (06): 1065 – 1075.

[3] 杜焱. 经济增长目标约束下的中国需求动力结构调整研究 [D]. 长沙: 中南大学, 2014.

[4] 傅勇, 张晏. 中国式分权与财政支出结构偏向: 为增长而竞争的代价 [J]. 管理世界, 2007, 000 (003): 4 – 12, 22.

[5] 郭庆旺, 赵志耘. 中国经济增长 "三驾马车" 失衡悖论 [J]. 财经问题研究, 2014 (09): 3 – 18.

[6] 韩晶, 张新闻. 绿色增长是影响官员晋升的主要因素么? ——基于 2003 ~ 2014 年省级面板数据的经验研究 [J]. 经济社会体制比较, 2016 (05): 12 – 24.

[7] 纪志宏, 周黎安, 王鹏. 地方官员晋升激励与银行信贷——来自中国城市商业银行的经验证据 [J]. 金融研究, 2014, 403 (01): 5 – 19.

[8] 蒋德权, 姜国华, 陈冬华. 地方官员晋升与经济效率: 基于政绩考核观和官员异质性视角的实证考察 [J]. 中国工业经济, 2015, 331 (10): 23 – 38.

[9] 孔繁成. 晋升激励、任职预期与环境质量 [J]. 南方经济, 2017 (10): 90 – 110.

[10] 李广众, 贾凡胜. 政府财政激励、税收征管动机与企业盈余管理——以财政 "省直管县" 改革为自然实验的研究 [J]. 金融研究, 2019 (02): 78 – 97.

[11] 李猛, 沈坤荣. 地方政府行为对中国经济波动的影响 [J]. 经济研究, 2010, 45 (12): 35 – 47.

[12] 梁若冰. 财政分权下的晋升激励、部门利益与土地违法 [J]. 经济学

（季刊），2010，9（01）：283 – 306.

[13] 刘淑琳，王贤彬，黄亮雄. 经济增长目标驱动投资吗？——基于2001 ~ 2016 年地级市样本的理论分析与实证检验 [J]. 金融研究，2019（08）：1 – 19.

[14] 刘勇，黄灿. 经济增长目标与企业创新 [J]. 金融学季刊，2020，14（02）：1 – 24.

[15] 罗党论，赖再洪. 重污染企业投资与地方官员晋升——基于地级市1999 ~ 2010 年数据的经验证据 [J]. 会计研究，2016（4）：42 – 48.

[16] 马草原，李成. 国有经济效率、增长目标硬约束与货币政策超调 [J]. 经济研究，2013（07）：77 – 90 + 161.

[17] 马亮. 官员晋升激励与政府绩效目标设置——中国省级面板数据的实证研究 [J]. 公共管理学报，2013，10（02）：28 – 39 + 138.

[18] 聂雷，郭忠兴，钟国辉，吕介民. 转型期中国土地出让收入和价格的演变规律——基于财政分权与经济目标的视角 [J]. 财经理论与实践，2015，36（06）：78 – 84.

[19] 潘美舍，邱丽，王磊. 重庆市五大功能区旅游业对经济发展的带动效应研究 [J]. 西南师范大学学报（自然科学版），2017（04）：88 – 93.

[20] 沈立人，戴园晨. 我国"诸侯经济"的形成及其弊端和根源 [J]. 经济研究，1990（03）：12 – 19 + 67.

[21] 谭之博，周黎安. 官员任期与信贷和投资周期 [J]. 金融研究，2015（06）：80 – 93.

[22] 唐雪松，周晓苏，马如静. 政府干预、GDP 增长与地方国企过度投资 [J]. 金融研究，2010（08）：33 – 48.

[23] 王贤彬，董一军. 社会和谐与官员晋升 [J]. 经济学报，2017（02）：41 – 68.

[24] 王贤彬，周海燕. 中央财政转移支付与地方经济增长目标管理 [J]. 经济管理，2016，38（08）：1 – 17.

[25] 王勋，Anders Johansson. 金融抑制与经济结构转型 [J]. 经济研究，2013，48（01）：54 – 67.

[26] 王永钦，张晏，章元，陈钊，陆铭. 中国的大国发展道路——论分权式改革的得失 [J]. 经济研究，2007（01）：4 – 16.

[27] 魏后凯. 推进雄安新区建设的若干战略问题 [J]. 经济学动态，2017

（07）：10 - 12.

[28] 徐现祥，梁剑雄 . 经济增长目标的策略性调整 ［J］. 经济研究，2014，
49（01）：27 - 40.

[29] 徐现祥，刘毓芸 . 经济增长目标管理 ［J］. 经济研究，2017，52（07）：
18 - 33.

[30] 杨小龙 . 主导产业在县域经济发展中的作用 ［D］. 咸阳：西北农林科技
大学，2007.

[31] 殷杰兰 . 改革开放 40 年居民消费对经济结构转型的影响 ［J］. 财经科
学，2018（10）：73 - 83.

[32] 余泳泽，刘大勇，龚宇 . 过犹不及事缓则圆：地方经济增长目标约束与
全要素生产率 ［J］. 管理世界，2019，035（007）：26 - 42.

[33] 虞义华，郑新业，张莉 . 经济发展水平、产业结构与碳排放强度——中
国省级面板数据分析 ［J］. 经济理论与经济管理，2011（03）：72 - 81.

[34] 詹新宇，刘文彬 . 中国式财政分权与地方经济增长目标管理——来自
省、市政府工作报告的经验证据 ［J］. 管理世界，2020，36（03）：
23 - 39 + 77.

[35] 张军，樊海潮，许志伟，周龙飞 . GDP 增速的结构性下调 ［J］. 经济研
究，2020（5）：31 - 48.

[36] 张军，樊海潮，许志伟，周龙飞 . GDP 增速的结构性下调：官员考核机
制的视角 ［J］. 经济研究，2020，55（05）：31 - 48.

[37] 张军，高远，傅勇，张弘 . 中国为什么拥有了良好的基础设施？［J］. 经
济研究，2007（03）：4 - 19.

[38] 张莉，王贤彬，徐现祥 . 财政激励、晋升激励与地方官员的土地出让行
为 ［J］. 中国工业经济，2011（04）：35 - 43.

[39] 张天华，钟泽凯，韩泽锋 . 县域经济增长能够带来官员的晋升吗？——
基于县域卫星灯光数据的新考察 ［J］. 经济学报，2019（2）：27 - 69.

[40] 张璇，张计宝，闫续文，李春涛 . "营改增" 与企业创新——基于企业税
负的视角 ［J］. 财政研究，2019（03）：63 - 78.

[41] 周黎安，陈烨 . 中国农村税费改革的政策效果：基于双重差分模型的估
计 ［J］. 经济研究，2005，40：（08）：44 - 53.

[42] 周黎安，刘冲，厉行，翁翕 . "层层加码" 与官员激励 ［J］. 世界经济文汇，
2015（01）：1 - 15.

[43] 周黎安. 晋升博弈中政府官员的激励与合作——兼论我国地方保护主义和重复建设问题长期存在的原因 [J]. 经济研究, 2004 (06): 33 - 40.

[44] 周黎安. 中国地方官员的晋升锦标赛模式研究 [J]. 经济研究, 2007, 42 (07): 36 - 50.

[45] 周黎安. 中国地方官员的晋升锦标赛模式研究 [J]. 经济研究, 2007 (07): 36 - 50.

[46] Acemoglu, D. Introduction to Modern Economic Growth [J]. Privredna kretanja i ekonomska politika, 2007, 147 (02): 89 - 94.

[47] Allen, F., Qian, J. and Qian, M. Law, finance, and economic growth in China [J]. Journal of Financial Economics, 2005, 77 (01): 57 - 116.

[48] Bertrand, M. and Mullainathan, S. Enjoying the quiet life? Corporate governance and managerial preferences [J]. Journal of Political Economy, 2003, 111 (05): 1043 - 1075.

[49] Chen, S., Sun, Z., Tang, S., & Wu, D., Government intervention and investment efficiency: Evidence from China [J]. Journal of Corporate Finance, 2011, 17 (2): 259 - 271.

[50] Chen, Y. C., Hung, M. and Wang, Y. The effect of mandatory CSR disclosure on firm profitability and social externalities: Evidence from China [J]. Journal of Accounting and Economics, 2018, 65 (01): 169 - 190.

[51] Fauver, L., McDonald, M. B. and Taboada, A. G. Does it pay to treat employees well? International evidence on the value of employee - friendly culture [J]. Journal of Corporate Finance, 2018, 50 (06): 84 - 108.

[52] Holmstrom, Bent, and Paul Milgrom. "Multi - Task Principal Agent Analyses", Journal of Law, Economics and Organization 7, Special Issue, 1991.

[53] Jin, Hehui., Yingyi Qian, and Berry Weingast. "Regional Decentralization and Fiscal Incentives: Federalism, Chinese Style", Journal of Public Economics, 2005, 89: 1719 - 1742.

[54] Lin, J. Y. and Z. Liu. "Fiscal Decentralization and Economic Growth in China", Economic Development and Cultural Change, 2000, 49 (1): 1 - 21.

[55] Montinola, G., Yingyi Qian, Berry Weingast. "Federalism, Chinese Style: the Political Basis for Economic Success in China", World Politics, 1995, 48: 50 - 81.

［56］ Qian, Y. and G. Roland. "Federalism and the Soft Budget Constraint", American Economic Review, 1998, 97: 265 - 284.

［57］ Shipman, J. E., Swanquist, Q. T. and Whited, R. L. Propensity Score Matching in Accounting Research ［J］. Accounting Review, 2017, 92 (01): 213 - 244.